姆潘巴之谜

王福康　编著

知识出版社

图书在版编目（ＣＩＰ）数据

姆潘巴之谜 / 王福康编著． -- 北京 ：知识出版社，
2016.5
（科学手拉手）
ISBN 978-7-5015-9117-6

Ⅰ．①姆… Ⅱ．①王… Ⅲ．①科学知识—青少年读物
Ⅳ．① Z228.2

中国版本图书馆 CIP 数据核字（2016）第 106125 号

姆潘巴之谜

出 版 人	姜钦云
责任编辑	刘 盈
装帧设计	国广中图
出版发行	知识出版社
地 址	北京市西城区阜成门北大街 17 号
邮 编	100037
电 话	010-88390659
印 刷	北京一鑫印务有限责任公司
开 本	889mm×1194mm 1/16
印 张	8
字 数	100 千字
版 次	2016 年 5 月第 1 版
印 次	2020 年 2 月第 2 次印刷
书 号	ISBN 978-7-5015-9117-6

定 价 29.80 元

卷首语

　　如果有人问："是冷水先结冰，还是热水先结冰？"也许绝大多数人会回答："当然是冷水先结冰！"

　　但是，坦桑尼亚的马干巴中学有个叫姆潘巴的三年级学生，对此有了不同的发现。他发现，热水先结冰。这个发现受到坦桑尼亚达累斯萨拉姆大学物理系主任奥斯玻恩博士的重视，他的实验，也证实了姆潘巴的发现！

　　姆潘巴和奥斯玻恩共同撰文，将这一发现发表在英国的《物理教师》杂志上，被称为"姆潘巴之谜"。

　　在我们遇到一些无法解释的现象时，不要轻易放弃，也可以自己动手试验一下，科学实验不仅可以"点石成金"，而且可以获得新的发现、新的知识。

　　本书内容涉及固体、液体、冷热、能量、声学等物理学方面的许多有趣的问题。它为青少年读者打开了一扇通往物理世界的大门，大门里面有无数的宝藏和无限的新奇。

目　录

点石成金的科学实验

神奇的能量

漫谈固体和液体

趣谈冷和热

奇妙的声音王国

点石成金的科学实验

点石成金的故事出自汉代刘向的《列仙传》。在晋朝初年，南昌人许逊被朝廷任命为旌阳县（今四川德阳市旌阳区）县令，他看到很多老百姓交不起租税，非常同情他们，就用点石成金的法术，免去老百姓的租税。有时，科学实验也像一只金手指，可以像许逊那样"点石成金"。

姆潘巴之谜

　　如果有人问："是冷水先结冰，还是热水先结冰？"也许绝大多数人会回答："当然是冷水先结冰！"

　　但是，坦桑尼亚的马干巴中学有个叫姆潘巴的三年级学生，对此有了不同的发现。那是在 1963 年的一天，他和几位同学一起做冰淇淋，为了抢先，一位同学将冷牛奶加糖后，立即放进了冰箱的冷冻室里；他则将牛奶先煮沸，再放糖，然后放入冰箱。过了一段时间后，他发现，他的牛奶已经冻结了，而他同学的牛奶还是很稠的液体。这令他百思不解。

　　他只好去请教物理老师，老师回答说："你一定是搞错了，这样的事是不可能发生的。"

冰箱中的冰淇淋

　　有一次，达累斯萨拉姆大学物理系主任奥斯玻恩博士到他们学校做报告，在回答同学提问环节，姆潘巴又把这个问题提了出来。当时，奥斯玻恩博士回答说："我不知道，我要回到达累斯萨拉姆做一下这个实验。"结果，他和他的助手做了这个实验，证明姆潘巴说的是真的！

　　1969 年，姆潘巴和奥斯玻恩共同撰文，将这一发现发表在英国的《物理教师》杂志上。这就是"姆潘巴之谜"。

　　这个貌似简单的问题，其实很复杂，它不仅涉及物理学，还涉及到其他学科。

　　现在，有的人认为"热水先结冰"是由于液体在较热的容器中循环较好，使水能够较快地达到冻结点。例如，用 4℃ 的冷水结冰，由于水和盛水的玻璃杯的传热不是很好，杯子里的水先是在水的表面结冰，再是在底部及四周，形成一个密闭的"冰壳"，这时里面的水与外界空气隔绝，阻止里面的水温继续下降，造成结冰时间延长。用100℃的热水结冰，不会形成密闭的"冰壳"阻止里面的水结冰。因此，结冰相对要快一些。也有人认为，热水因蒸发使水减少，容易达到冻结点。如水从100℃冷却到0℃时，要蒸发掉约16％的水。

但是，上述种种解释，还不是最终的答案，有谁能最终揭开冷、热水结冰中能量转换的"姆潘巴之谜"呢！要解开这个谜团，必须要找到一种实验方法，能证明这一现象的真实原因，就如1956年，两个年轻的美籍华裔科学家李政道和杨振宁教授，提出了在弱相互作用中宇称不守恒的假设。为了证实这个假设，他们请来了另一位美籍华裔科学家吴健雄博士，吴博士用钴-60来做这个实验。在常温下，钴-60本身的热运动会干扰实验的结果。因此必须把钴-60冷却到0.01K，使钴核的热运动停止下来，实验将热运动的干扰因素排除后，宇称在弱相互作用下不守恒的假设被证实了。杨振宁和李政道因此获得了1957年诺贝尔物理奖。再如，1964年，英国物理学家希格斯提出存在一种叫玻色子的粒子，它是物质的质量之源，是电子和夸克等形成质量的基础。人们戏称这种粒子为"上帝粒子"。科学家为了找到这种粒子足足花了48年。2011年12月13日，欧洲核子研究中心（CERN）宣布：大型强子对撞器（LHC）的重要数据显示，"可能看到"有"上帝粒子"之称的希格斯玻色子。如果这一粒子被确认，那将是100年来人类最伟大的发现之一。2012年7月4日，欧洲核子研究中心宣布，发现新亚原子粒子，疑似"上帝粒子"。2013年3月14日，欧洲核子研究中心发布新闻稿表示，先前探测到的新粒子是希格斯玻色子。2013年10月8日，诺贝尔物理学奖在瑞典揭晓，英国理论物理学家希格斯因希格斯玻色子的理论预言获奖。

同样，我们在遇到一些无法解释的现象时，不要轻易放弃，也可以自己动手试验一下，科学实验可以起到点石成金的效果。

点石成金的科学实验

科学实验是指人们不满足在自然条件下去观察对象，从而对被研究对象进行积极的干预，产生一种研究自然现象及规律的手段。它根据一定的目的，运用一定的仪器、设备等物质手段，在人工控制的条件下，进行观察和研究。在一般人的心目中，科学实验是科学家从事的工作，十分神秘。其实不然，近年来，在网上广为传播的一位 15 岁的美国少年发明诊断癌症的新方法，就是他通过科学实验发明的。

这位美国少年名叫安德拉卡，是美国马里兰州克朗斯维尔市的一名中学生。他的一个叔叔因患胰腺癌去世了，这令他十分伤心。安德拉卡上网一查，发现胰腺癌被称为"癌中之王"，由于胰腺很小，位置又很隐蔽，一旦发生癌变很难被发现，同时，胰腺癌的早期症状很不明显，通常只有一些小疼痛，不会被人们注意，等到发现患胰腺癌，大多已是晚期，85% 的胰腺癌患者都是在晚期才被诊断出来，能够生存下来的不足 2%。大名鼎鼎的乔布斯就是被胰腺癌夺去了生命。如果胰腺癌能被早期发现，癌细胞尚处于萌芽状态，经过治疗后，患者的生存率几乎可以达到 100%。

但是，目前医院里检测胰腺癌的方法，还是 60 年以前发明的检测手段，安德拉卡开玩笑地说"比我爸爸都老"。这种方法不仅误诊率很高，超过 30%，而且检测费用很贵，要 800 美元，使用的人很少。于是，他下决心要找到一种诊断胰腺癌的新方法。这种诊断方法要便宜、快速、便捷、灵敏、无副作用。

于是，他开始研究，要能很好地诊断胰腺癌，就需要寻找微小肿瘤的生物标志物，也就是在血液中找出蛋白异常。这一点非常困难，血液遍布全身，有

胰腺癌细胞

很多不同的蛋白，哪一种蛋白异常是胰腺微小肿瘤的标志物呢？在数据库中有 8 000 种蛋白酶，要从这 8 000 种蛋白酶里找出一种特定的胰腺微小肿瘤的标志物，就像是在大海中捞针。经过近 4 000 次的尝试，安德拉卡很幸运地找到了一种叫"间皮素"的蛋白酶。这种糖蛋白在人体中很普通，但含量非常少，一旦患上了胰

腺癌、卵巢癌或肺癌，血液中的间皮素的含量就会非常高，关键是这种蛋白酶在患病早期就能发现，所以人们不用再为患胰腺癌担心了。那么，如何检测人体血液中的这种蛋白酶呢？

我们知道有一种叫"抗体"的东西，"抗体"是机体的免疫系统在抗原刺激下产生的、可与相应抗原发生特异性结合的一种免疫球蛋白。它们和一种蛋白酶连接，也只和这一种蛋白酶相连接。它们很特别，就像是对应开一把锁的钥匙。那么，怎样才能用它在血液中找出胰腺癌的生物标志物——"间皮素"呢？安德拉卡在一篇科研论文里发现一种叫"纳米碳管"的东西。纳米碳管是一种管壁只有一个原子那么厚的空心圆筒，只有头发丝的一万五千分之一粗细，由于纳米碳管的壁呈网格状，可以把"间皮素"的抗体放到纳米碳管的网络中，然后覆盖在普通滤纸上，做成一种"测癌试纸"。测试者只要提供一滴血液，试纸中的"间皮素"的抗体与血液中的胰腺癌的生物标识物"间皮素"相遇时，"间皮素"抗体就会黏附于纳米碳管上并不断扩大，将纳米碳管分隔开来，当"间皮素"越多，黏附抗体的量也就会越多，从而改变了试纸的导电性。这种改变能够用电表检测出来，这样就能精确地测出血液中"间皮素"的含量。

于是，安德拉卡向198位美国科学家发出能让他使用实验室来验证他的神奇想法的请求，有197位科学家都拒绝了他的请求，甚至有的科学家还向他泼冷水，称他检测癌症的方法完全"不可行"，直到他向第198个科学家、美国约翰·霍普金斯大学的病理学和肿瘤学教授安尼尔班·迈特拉博士求助时，迈特拉教授才同意帮助他，允许他在自己的实验室中进行研究，迈特拉教授还帮助他优化了实验的方法。经过七个月的努力，测癌试纸终于被他发明出来了。

这种测癌试纸比现在用的检测材料，速度上要快168倍，价格只有现在的1/26667，

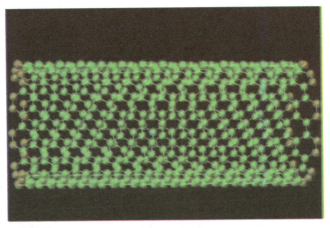

纳米碳管

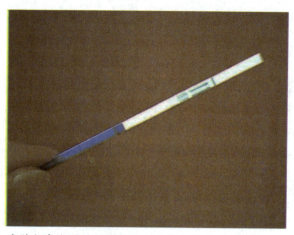

安德拉卡发明的测癌试纸，只要 3 美元，5 分钟就可测试多种癌症

敏感度和有效度高达 400 倍！一次检测只要 3 美元，5 分钟就可得知测试结果，测癌精确度超过 90%！它还可以检测卵巢癌、肺癌等其他众多癌症！安德拉卡的这项发明已申报了美国专利。

在 2012 年的英特尔国际科学与工程大奖赛中，安德拉卡获得了最高奖——高登·厄尔·摩尔奖，奖学基金为 7.5 万美元。高登·厄尔·摩尔是英特尔公司的创始人之一，著名的摩尔定律就是以他的名字命名的。英特尔国际科学与工程大奖赛是目前世界上规模最大的中学生科学竞赛。每年来自世界各国的约 1 500 名学生带着他们自己的独立研究项目竞争超过 300 万美元的奖金及奖学金。它成立于 1950 年，开始由科学服务社（即现在的"科学与公众社团"）创立；1958 年，成为国际竞赛项目；1997 年，开始由英特尔公司赞助。

科学实验有时并不需要用到很复杂的仪器，这在科学史上是屡见不鲜的。下面介绍科学史上三个著名的科学实验，都是用很简单的器具，做出了让人震惊的科学实验。

微生物与 S 形细颈瓶

1864 年 4 月 7 日，法国科学院在巴黎大学举行了一次盛况空前的科学讨论会。参加这次会议的不仅有知名的学者和青年学生，还有当时的社会名流和王公大臣，蜂拥而来的听众把大学的演讲厅挤得水泄不通。

是什么引起了人们这么大的兴趣呢？原来，在会上有个名叫巴斯德的生物学家，要讲述他用简单而精确的实验，解决几个世纪以来一项悬而未决的科学争端：生命能否在很短的时间内，从没有生命的物质中突然地发生出来。

巴斯德走上了讲台，他一面用简短而有力的语调发表他的试验结果，一面拿出他的实验器材：几只瓶颈部呈 S 形的细颈培养瓶，瓶口都没有被封堵住，瓶里盛的是肉汁培养液，虽然已放置了多天，肉汁与空气虽保持接触，但它依然洁净，没有出现腐败变质。巴斯德向大家介绍说："这是因为空气在通过细长的 S 形瓶颈时，含有微生物的尘埃就会被留在曲颈的内壁上，所以瓶内的肉汁不会被微生物污染，也就不会发生腐败作用，肉

法国著名的微生物家巴斯德

汁仍新鲜如初。如果把 S 形细颈培养瓶倾倒一下或者剧烈地摇晃一下，让培养液与颈部含有微生物的尘埃接触一下，S 形曲颈培养瓶中的肉汁，不用放置很久，就会因微生物在肉汁中大量繁殖，使它腐败变质。这表明肉汁的腐败不是由肉汁中自生的微生物造成的，而是由于空气中的微生物在肉汁中大量繁殖的结果。因此，肉汁是不会自生长出微生物的。"

这场演讲会是源于几年前发生的一场争论。法国的发酵工业相当发达，人们使用酵母发酵已经有几千年的历史，法国的酿造业世界闻名。1860 年，法国的一些制酒作坊发生了一件怪事：本来香味芬芳的酒都变成了酸得难以下咽的黏稠液体。酒商损失惨重，但个个束手无策，不少酒商因此破产。最后，酒商们只好给巴斯德写信，请他帮助解决这个难题。在此以前，巴斯德研究过甜菜汁发酵。甜菜汁加酵母，发酵后就变成了酒精。当时的传统看法是，在酒精的发酵过程中，酵母是死的，由它的化学分子分解甜菜汁，生成酒精。巴斯德不同意这种说法，他认为酵母是活的。当时巴斯德还是一个无名之辈，无人相信他的说法。为了让大家心服口服，巴斯德开始进行科学实验。他不厌其烦地进行了上百次酵母实验。有一次，他从发酵的甜菜汁中，取出一点点酵母液，放在显微镜下。顿时，他眼睛一亮，兴奋得浑身哆嗦。原来，在显微镜下，那些小小的、长圆形的小东西都在活动，它们是活的小生物。巴斯德用实验证明，甜菜汁发酵成酒精，是这些小家伙——酵母菌在起作用，而不是什么化学分子震动的结果。但是，有人来问巴斯德，为什么甜菜汁有时会做出带酸味的酒精

巴斯德手持曲颈瓶观察瓶中的情况

来呢？巴斯德用显微镜弄清了事情的原委：变酸酒精中有一种比圆球形的酵母菌小得多的，呈长条形的小生物——乳酸杆菌。它就是使酒精变酸的罪魁祸首。

巴斯德心想：已知道酒精变酸是微生物搞的鬼，啤酒和葡萄酒发酸变坏可能也是这些小东西在作怪。假想需要实验证实，巴斯德再次用显微镜进行观察，发现这些酒中确实有些小东西，有的呈圆形，有的像小棍。凡是酸酒都有棍状小家伙，它们繁殖越多，活动越厉害，酒就越酸，而好酒中只有圆形微生物，没有棍状小家伙。巴斯德将这个观察结果告诉酒商，酒里有圆形的小生物，会使酒变香；如果是棍形的小家伙，就会使酒变酸。这让有几十年酿酒经验的酒商第一次听到这种说法，他们都不敢相信。于是，他们拿来各种好坏不同的酒让巴斯德鉴别。巴斯德不用鼻闻嘴尝，只是从每瓶酒中取出一滴酒，放在显微镜下，就能迅速准确地判定哪瓶是好酒，哪瓶是坏酒，丝毫不差，令酒商佩服得五体投地，个个点头称是。

巴斯德的这一发现，虽然被大家所接受，并促进了法国发酵工业的发展。但是，引发了关于酵母菌和乳酸杆菌是怎么来的一场大论战。当时，"自然发生论"，即微生物会自己发生的思想统治着法国科学界，法国许多科学家都赞成这种说法。一个叫布歇的科学家在1858年12月正式向法国科学院提出了一份报告，说放在空气中的动物和植物，自己能长出微生物。

巴斯德反对这种违背事实的说法，他认为微生物是随着空气进入动植物体内，然后繁殖生长起来的，而不是动植物自己发生的。这场争论的意义重大，按"自然发生论"，微生物能够自己发生，而人类不可控制。巴斯德主张的微生物繁殖说，微生物发生，人是可以控制的，人们可以根据需要来控制它们。巴斯德用不同瓶颈的培养瓶装上肉汤，或烧开或不烧开，或敞口或不敞口，或用不同的物品堵住瓶口，或放在院子里或地下室里，甚至在3 000米以上的阿尔卑斯山上收集空气等，进行反复实验，才有了文前在巴黎大学举行的辩论报告会，巴斯德的实验报告赢得了大家的热烈掌声。巴斯德用事实驳斥了"自然发生论"，最终让它销声匿迹。巴斯德结束了这场争论，并创建了一门新学科——微生物学，他成了有名的微生物学家。

在科学史上，巴斯德的这个实验是很有名的。他巧妙地用一只特制的 S 形细颈瓶，避开了空气中微生物的干扰，杜绝了微生物进入肉汁的途径，从而获得了成功。这项科学实验不仅揭示了肉汁腐

巴斯德在啤酒中发现酵母菌

败的真正原因，推翻了"自然发生论"，还大大地推动了生物科学和医学的发展。

巴斯德于 1822 年 12 月 27 日出生在法国多尔镇的一个普通工人家庭，父亲约瑟夫·巴斯德是一个没有受过教育的士兵，早年曾追随拿破仑打仗，后来在一家制革厂当制革工人。父亲深感自己从小因家庭贫困无钱读书的苦处，决心让儿子接受良好的教育，把他培养成一个有出息的人。9 岁时，巴斯德进入阿波瓦公学的附属小学读书。少年时代的巴斯德的学习成绩属于中等水平。他的小学老师对他的评价是"他是我班中个子最小、最羞怯、最不见得有出息的一名学生"。但是，在中学阶段，他日益表现出对学习有耐心、有毅力的韧劲。

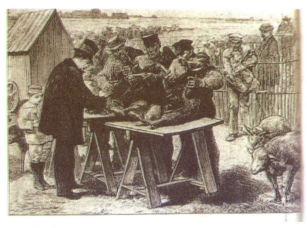
巴斯德提出细菌致病理论

16 岁时，阿波瓦公学校长建议他报考巴黎高等师范学校，将来可以当一名出色的教师。父母不惜借债，让他去巴黎读书。1843 年，巴斯德以第四名的优异成绩考入了巴黎高等师范学校，后来还攻读了化学博士学位。在大学里，巴斯德最喜欢化学实验，他总是废寝忘食地

纪念铜牌上的巴斯德夫人玛丽

在化学实验室里做实验。1847年8月，25岁的巴斯德获得了博士学位。

1849年，巴斯德被聘为斯特拉斯堡大学的化学教授，并在那里认识了校长的女儿玛丽·劳伦特小姐，二人一见钟情。他便直接写信给校长，允许他和劳伦特结婚。1849年5月29日，他俩举行了婚礼。后来，玛丽成了巴斯德科学生涯中的得力帮手、秘书，两人相得益彰，在科学史上被传为美谈。在一枚巴斯德夫人玛丽的纪念铜牌上，巴斯德夫人玛丽坐在实验室的书桌前，她面向窗户，注视着手中的容量瓶，实验台上放着显微镜、本生灯和各种实验用的瓶子，凳子上有三本厚书，凳下有一个带松紧带的资料夹。窗外的树木依稀可见，显现出实验室的恬静和幽雅的环境。

1860年1月30日，巴斯德获得了法国科学院颁发的实验生理学奖，嘉奖他在微生物研究和发现酒石酸的同质异构体方面做出的贡献。1862年，巴斯德被选为法国科学院院士。

在工业微生物学取得成就之后，巴斯德又转而与动物疾病打交道。1865年，欧洲发生了一场可怕的蚕病，一夜间一大批蚕就死掉了。法国蚕农眼睁睁地看着蚕每天成千上万地死去，心急如焚，联名写信给巴斯德教授，请他帮忙挽救他们的蚕。

1865年6月16日，巴斯德动身前往法国南部亚来斯蚕区，进行实地调查。一到蚕区，巴斯德顾不上吃饭、顾不上休息，一连几日，通宵达旦地工作，对病蚕和被病蚕吃过的桑叶进行仔细观察。

终于，功夫不负有心人，在显微镜下，巴斯德发现病蚕和桑叶上有一种椭圆形的微粒。这就是病原！巴斯德教授兴奋地惊呼起来。他发现这些微粒是活的，能很快地繁殖后代。就是因为它，才使蚕得病死去。巴斯德第一个发现了致病的微生物——"病菌"。

"病菌"被发现了，但要控制这种"病菌"的蔓延，消灭这种"病菌"，

谈何容易，由于灭菌的进展较慢，社会上出现了一些风言风语和抱怨。巴斯德不为所动，以"意志、工作、成功"为信念，立志在这三块基石上建立起成功的金字塔。

尽管在这中间，巴斯德经受了两次沉重的打击：一次是他的慈父过世，另一次是他心爱的二女儿因病医治无效而去世。但他没有放弃对蚕病的研究，每天工作近18个小时，由于过度的劳累，他得了中风，以致半身不遂，直到6年后才基本痊愈。

两年后，他的研究终于获得成功。他发现，蚕病是通过有病的蚕卵，一代一代传下去的。消灭有病的蚕卵，就可以培养出健康的蚕宝宝。巴斯德把产完卵的雌蛾弄死，加水磨成浆糊，放在显微镜下观察。有病菌的蚕，就把它产的卵烧掉；没有病菌的蚕，就把它们产的卵孵化成幼蚕。用没有病菌的蚕卵繁殖幼蚕，蚕就不会被传染这种蚕病。答案和方法如此简单。巴斯德提出的制止病蚕蔓延的方法，不仅在法国，而且先后被德国、英国、意大利等国的科学家证实。这样，一场震惊欧洲的蚕病，终于被控制住了。

1880年，法国发生了严重的鸡霍乱，这种鸡霍乱传染得非常快，几天工夫，一个村庄的鸡都死剩无几。巴斯德通过实验，研制出了一种鸡霍乱免疫菌苗。在短短的几年里，法国的鸡普遍注射了这种菌苗，制止了鸡霍乱的流行。巴斯德教授发明的免疫菌苗的方法，开辟了免疫学的新途径。

在之后的年代里，巴斯德进入了医学领域，向狂犬病开战。巴斯德在显微镜下仔细地观察了狂犬的脑髓液，但没有发现病菌。可是，当把狂犬的髓液注射进正常犬的身体里，正常犬便会得狂犬病死去。这是一种比细菌还要微小的病原体，巴斯德惊奇地叫起来，他发现了比细菌还要小的生物病原——病毒。那么，怎样才能医治狂犬病呢？巴斯德一直用健康的兔子进行实验，或是把疯狗的唾涎注射到兔子身上，或者直接让疯狗咬伤

巴斯德发明狂犬疫苗

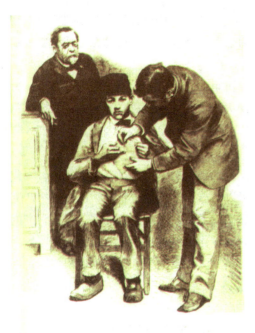

巴斯德第一次为患狂犬病的小孩接种狂犬疫苗

兔子。有一次，一只患狂犬病的狗由于阵痛引起狂怒，口流唾涎，却不去咬那只和它关在一个铁笼里的兔子。为了获取疯狗的唾液，巴斯德亲自用嘴通过滴管从狗的下颚吸取唾涎。

巴斯德的助手把患狗牢牢地绑在桌子上，他站在桌子旁边，嘴里含着一根玻璃滴管，俯下身子，对着狗的嘴巴。在摄取了足够的唾液后，他平静如常地对助手们说："好了，试验继续进行。"经过不懈努力，巴斯德终于研制出了医治狂犬病的疫苗。

1885年7月6日，一个母亲抱着9岁的儿子找到巴斯德，几天前，一条疯狗把她的儿子咬了十几口，他儿子马上就要死了。巴斯德同情地对他母子说："我仅仅做过狗的试验，还没有治过人呢！"孩子的母亲恳求地对巴斯德说："您就拿我的儿子作试验吧！求求您了，教授！"在这位母亲的一再恳求下，巴斯德冒险给孩子注射了狂犬疫苗，并逐渐增加剂量，在最后一次注射的夜里，巴斯德通宵未眠，他担心这种毒性很大的疫苗，孩子能受得了吗？如果孩子死了，我怎么对得起他的妈妈？

天刚蒙蒙亮，巴斯德就跑到孩子的病床前，看到孩子正高兴地与妈妈拥抱在一起，他总算可以放下心来，经过四周的治疗，孩子完全康复了。巴斯德的疫苗终于征服了狂犬病，挽救了成千上万名狂犬病患者，为人类的健康做出了贡献。

为了表彰巴斯德造福人类的丰功伟绩，法国及世界各国纷纷捐赠基金，建立巴斯德研究所。那位第一个被巴斯德治愈的孩子迈斯特尔，长大以后，自愿到巴斯德研究所做看门人，整整守卫这个研究所长达半个多世纪。

1895年9月28日下午，这位一直把造福于人类作为终生奋斗目标的科学家与世长辞了。

天平与化学革命

在 18 世纪中叶，人们对燃烧现象的解释，有一种非常流行的说法，叫作燃素说。这种学说认为：燃烧现象是由一种微小而活泼的微粒——燃素，从物质内部逸出而引起的。但是，如果炉中没有空气，炉火为什么会熄灭呢？对于这样简单的问题，燃素说无法解答。当时，法国有个名叫拉瓦锡的化学家，对用燃素说来解释燃烧现象感到十分不满。1772 年，他开始研究这个问题，并进行了许多有关物质的燃烧实验。

1789 年的一个冬夜，寒气笼罩着巴黎，拉瓦锡和他的娇妻玛丽正围炉闲聊，玛丽手中拿着一篇刚收到的文章在朗读，拉瓦锡听完以后便再也坐不住了。他一把抢过文章连续看了两遍。文章中说到，将一块金刚石用高温灼烧以后，便会消失得无影无踪。他认为这是不可能的，任何东西烧完后总要留下一点灰烬。拉瓦锡立即钻进实验室，照着文章中说的重做了一次实验，果然，金刚石不见了。整整一夜，拉瓦锡无法入眠。天刚亮，他就翻身坐起，对玛丽说，我们赶快到实验室去，有办法了，也许问题就出在这里。

拉瓦锡只穿了一件睡衣，坐在实验台前，他用不怕火的石墨软膏将一块金刚石厚厚地包裹起来，然后放在火上进行高温灼烧。他考虑，过去人们研究燃烧都是在空气里进行的，谁敢保证这种看不见的空气里会不会有什么物质在燃烧时参加进去，或是带走什么呢？现在将这金刚石包裹得严严实实，不与空气接触，看它会发生什么现象。他就这样穿着睡衣、拖鞋在实验台旁忙着。这时高温火焰已将被包裹厚厚一层石墨软膏的金刚石烧得通红，就像炉子里烧红的煤球一样。拉瓦锡小心

拉瓦锡和他的夫人

地熄灭了火焰，等它慢慢地冷却，然后剥开一看，发现金刚石仍完好无损！"看来燃烧和空气有很大的关系。"他一边洗脸，一边说。"燃烧不是物质内的燃素在起作用吗？"玛丽一边收拾仪器，一边问道。"大家都这么说，我看未必是这样。"拉瓦锡早就对燃素说产生了怀疑。今天这个实验更加明确地证明了，燃烧现象根本不在于燃素，而在于空气。然而，在燃烧过程中，空气发生了什么样的变化呢？最好的办法就是检测一下它的重量。拉瓦锡立即设计出新的实验方案。

一次，拉瓦锡在用锡作实验时，先用天平将锡块和瓶子仔细地称了一下，然后将锡块放入瓶里，并将瓶子严密地封闭起来，不让外面任何东西钻进去。接着，他拿一面大型的放大镜，让太阳光透过放大镜直接照射到锡块上。锡被加热后，开始熔化，最后变成了灰白色的粉末。按燃素说物质燃烧后的重量应增加。实验完毕后，他又用天平将瓶子和锡渣复称了一下，重量并未增加，但在瓶子打开后，他再用天平称时，发现比打开前加重了。这一发现，使拉瓦锡明白了：一定是由于瓶子里有一部分空气与锡化合了，瓶子打开后，外面的空气就窜到瓶子里面，以补充失去的那部分空气，所以瓶子的重量增加了。后来，他又发现那部分失去的空气就是空气中的氧。这个实验使拉瓦锡得出了以下结论：燃烧的过程，在任何情况下都是可燃烧物质同氧的化合，而不能归之于所谓燃素的逸出。这样，流行了几十年的燃素说，终于被拉瓦锡推翻了。

拉瓦锡的这个实验，虽然早在他之前一百多年，英国科学家波义耳就已经做过了，但他在打开瓶口之前没有用天平复称一下。拉瓦锡却自始至终利用天平作为燃烧实验的工具，进行了定量分析，发现了光凭人的感觉无法感知的燃烧的氧化过程，使化学发生了一场革命。

拉瓦锡实验用的器具

拉瓦锡在密闭的容器里烧炼金属，在燃烧前后他都仔细地用天平称过重量，发现重量没有一点变化，他再称金属灰的重量，增加了，又称烧过后的空气的重量，却减少了，而减少的空气重量和增加的金属灰重量正好相等。于是，拉瓦锡提出了化学上一条极重要的定律，即质量守恒定律。物质既不能创造，也不能消灭，化学反应只不过是物质由这种形式转换成了另一种形式。

拉瓦锡在 1743 年 8 月 26 日生于法国巴黎。他的父亲是一个非常有钱的律师，拉瓦锡从小就不愁吃穿，上了中学又上大学，从法律系毕业后，顺利地当上了律师。然而，拉瓦锡对矿物特别感兴趣。在他办公桌的抽屉里，

拉瓦锡的实验室

常常放着一些石头、硫黄、石膏等，就连卷宗里也时常可抖出一些红绿颜色的矿粉来。当他的一篇论文在一次竞赛中获得了法国科学院一枚金质奖章时，他便下决心辞掉了律师工作，献身于自己酷爱的化学事业。

然而，研究化学需要有实验室，买仪器也是一笔不小的开销，那么，钱从哪里来？拉瓦锡凭借他律师的阅历，萌生出一个生财之道。原来 18 世纪中叶，法国新兴资产阶级已聚成了一股强大的势力，但封建王朝不甘退位，更加紧对人民钱财的搜刮。其中一个妙法就是收重税。但政府并不出面，而是承包给包税人。包税人预先向国家交一笔巨款，然后去收税。包税人只要保证向国家缴钱，至于再向老百姓收多少，国家便不管了。为了研究化学，拉瓦锡从父亲那里借来钱作抵押金，违心地当上了一名包税人。这样，拉瓦锡很快就拥有了自己的化学实验室，而且认识了一位金发碧眼的姑娘玛丽，玛丽是包税公司经理的女儿，才 14 岁。但他们感情笃深，很快结为夫妻。玛丽性情温柔，又写得一手好字，并擅长绘画，为丈夫抄论文、绘图表。一年后，拉瓦锡当选为科学院院士。在这以后，他的大部分时间是在实验室里度过的。

拉瓦锡的实验室成了一个燃烧展览馆，接待过许多科学名人，瓦特、富兰克林都曾到过他的实验室做客。一天，英国学者普里斯特利来访，拉瓦锡同他在实验室里边漫步边讨论。当他们来到几个玻璃罩前，普里斯特利问他：这是干什么的？拉瓦锡对他说："我用软木将磷漂浮在水面上，罩着玻璃罩燃烧，燃烧后，水面就上升，占去罩内五分之一空间。你再看这个罩内是烧硫黄的，水面也上升了五分之一。这说明燃烧时总有五分之一的空气参加了反应。"普

里斯特利对他说："对。我也曾发现空气中有一种活空气，蜡烛遇到它时，会更亮，而小老鼠没有它时，很快就会死亡。拉瓦锡先生，你知道舍勒在1772年就曾找到过这种空气，他叫它'火焰空气'，我想，这和你找到的五分之一的空气很可能是一回事。但是，我觉得物质燃烧是因为有燃素，恐怕和这种空气没有关系。"

拉瓦锡回答他说："不，有没有它大不一样。你看这玻璃罩里剩下的五分之四的死空气，你若再放进什么含有燃素的东西，无论磷块还是硫黄，它们都不会燃烧。尊敬的普里斯特利先生，你的发现对我太有启发了，看来空气里一定包含有两种以上的元素，起码这活空气就是一种，空气并不是一种元素。"

"这么说，水也不应该是一种元素了。因为我已经发现在水里也包含这种活空气，而且用一种活空气和另外一种空气（氢气）在密封容器里加热，能生成水。"

"真的吗？"拉瓦锡突然停下脚步，眼睛直盯着普里斯特利。

"真的。你这里的实验条件太好了，让我们重新做一次。"

普里斯特利熟练地制成了两种气体，然后将它们混合到一个密封容器里，便开始加热，一会儿容器壁上果然出现了一层小水珠。拉瓦锡等实验一完就拉着普里斯特利到客厅里，连声叫玛丽。

"玛丽，你知道吗？我们今天不但进一步发现了燃烧的秘密，还找到了新的元素，它既存在于水中，又存在于空气中，这可就打破了水和空气是一种元素的说法，说明了它们都是可分的。这种东西能和非金属结合生成酸，又能使生命活下去，就叫氧元素吧。"

拉瓦锡夫妇按照舍勒的要求做实验

氧气本来是舍勒和普里斯特利最先发现的，然而他们受"燃素说"的束缚，不敢有任何非分之想。本来做学问首先靠观察积累，第二要靠思考比较。观察积累基本上还是在旧理论指导下的收集、整理，需要非常细心且能吃苦；而思考是在

新事实的基础上进行归纳与突破，要的是大胆与勇敢。一个旧理论的推翻也就是一个新理论的建立。只有少数既聪明又勇敢的人才会不断地观察新问题，收集新材料，不断地打破旧的理论框框，摈弃旧假设，胜利便是属于这些人的。

一星期与几百万年

地球上最初的生命是从哪里来的？这个问题一直是人们所关心的。地球上出现生命是几十亿年前的事，之后，又经历了漫长的演化过程，现在要重演生命发展的历史，当然不可能。但是，在1952年，当时在美国芝加哥大学攻读博士学位的米勒，因他的导师核物理学家爱德华·特勒的离去，正在寻找新的论文课题。早在一年前，诺贝尔奖得主、芝加哥大学的地质化学家哈罗德·尤里提出：早期地球的大气成分可能由水蒸气、氨和甲烷构成，但没有氧。米勒就找到尤里教授，提出利用实验来模拟早期地球的化学环境，并假定大气层的构成正像尤里教授提出的那样。尤里教授一开始并没支持他，认为对于一个研究生来说，这样的实验会耗时太长。但米勒对此十分执着，他在实验室里做了一个惊奇的实验：用一烧瓶的水代表海洋，并使它与另一个充满甲烷、氨、氢等混合气体的，与原始地球大气基本相似的气体的烧瓶相连，通过连续进行的火花放电，来模仿原始地球大气层中的闪电。只过了两天，就有征象表明产生了一种简单的氨基酸——甘氨酸；经过一个星期，在这种混合体中得到了五种构成蛋白质的重要氨基酸。这些都是活体组织中的主要组成成分。

米勒将他的研究成果详细地整理成一篇论文，按惯例把他导师的名字也填了进去。但是，尤里博士让他把自己的名字拿掉，并解释说："我已经有诺贝尔奖了。"尤里博士让米勒把论文投给数一数二的《科学》杂

美国生命科学家米勒

尤里－米勒实验装置

志，但由于该杂志一再拖延发表，让米勒很恼火，他欲把论文转投给《美国化学学会期刊》，这一举动促使《科学》杂志答应迅速发表。

米勒的这个实验使科学界感到惊讶。在自然界中，由甲烷、氨、氢和水蒸气变成氨基酸，完成这种转化要经历几百万年，现在，在实验室中只用了一个星期就完成了。这就为生命起源的研究开创了一条新的途径。

米勒在这个实验室中，由于创造了特定的自然条件，并通过人为的强化作用，加速了物质的转化，从而使简单的有机物分子，在短短的一星期里，就实现了在自然界中要花上几百万年才能完成的向复杂有机物分子的转化。这就使人们在科学实验中，观测到了在自然界因变化速度太慢而无法观测到的物质变化现象。

这个发现吸引了世界各地科学家的兴趣，因为这就意味着，从早期地球的自然环境所产生的化合物混合剂中，或许很快能够再现出最早的活细胞的诞生过程。对于这个生物学中最难以解决的遗留问题之一，米勒博士为之开启了一个实验研究的途径。

尤里－米勒的实验是在人工模拟的大气层气体下，经由电火花合成氨基酸，这些气体在地球形成初期的大气层中可能是很普遍的，包括氢、甲烷、氨及水蒸气，后来，其他的研究者显示其他生命之基础分子的基本架构能够以类似的方法来创造。这些实验的结果支持了一项理论：活的有机体随着有机化合物能够同时当作结构上的物质及能量的来源。

探索自然规律的重要手段

科学研究始于观察。在古代，科学大都是一种原始观察的记载，或者是生产经验的描述。当然，也有少数例外。人们光凭感觉器官直接观察自然现象所获得的认识，往往是表面的、粗糙的，有很大的局限性。以古希腊人对物质本原的认识为例，那时他们通过对自然现象的观察，认为大地是由土、空气、水和火等元素构成的。到了18世纪，人们采用实验的方法，从水中分解出了氢和氧，从空气中分离出了氧、氮等气体，氢、氧、氮是比土、水、空气和火等更为简单的物质元素。这样，古希腊人所设想的4种元素就没有一种可算得上是元素了。现在，人们已经知道的元素就有100多种，而且对组成物质的基本单元的认识进入了更深层次——基本粒子，这就比古希腊人对物质的认识更为精细、准确、丰富。所有这些都是与现代科学实验的飞跃发展分不开的。

观察和科学实验都是一种收集材料、了解事实的科学研究方法。观察是人们有计划、有目的地通过感觉器官来观察自然现象的方法，而科学实验则是对自然现象发生的条件加以控制、进行观察的方法。在科学研究中，两者往往是互相联系、互相补充的。在现代科学研究中，科学实验对于科学的发展，起着巨大的促进作用。从上面介绍的三个著名实验中，我们可以看到科学实验一般具有这样的特点。

科学实验可以控制自然现象发生的条件，减少和排除干扰因素，或进行单因子分析，从而有利于人们认识事物的本质。在自然界，由于各种因素相互交织，事物的本质往往被现象所掩盖，科学实验则可凭借实验设备，便于人们把事物的主要本质抽取出来，揭示自然界的客观规律。

科学实验可以运用各种仪器，扩大观察范围，深化人们的认识程度。就拿人的眼睛来说，在明视距离小于25厘米时，能够分辨清楚的最细小物体，大致为0.1毫米，即相当于1根头发丝的粗细。因此，人的眼睛只能看清"不大不小、不近不远"的物体。同样，人眼对于光波的观察，也只限于可见光范围，比可见光波更长或更短的电磁波，人眼也都是不能看到的。但是，科学实验可以突破人的生理界限。

在科学实验中，人们已可利用显微镜看到细胞、病毒，用电子显微镜看到细胞和病毒的精细结构和晶体分子，用场离子显微镜看到直径只有0.03纳米大小的原子，基本粒子比原子更小，现在人们还不能看到它，但已可以用云室、气泡室等探测仪器，发现它们运动的踪迹。人们在攀登超铀元素这个"阶梯"时，已经成功地利用一种非常高超的辐射探测器，从仅有的17个原子中，确认出一种新的元素——钔。这是靠人的感觉器官无论如何也办不到的。

世界上最大的射电望远镜——中国的 FAST 射电望远镜

众所周知，望远镜能使人看得更远一些。一架直径5米的望远镜，它的聚光面积不下 200 000 平方厘米，几乎是人眼聚光面积的100万倍。因此，它能使人们看到远离我们30亿光年的遥远天体。射电望远镜又突破了光学望远镜的界限，它使人们能观察到远离地球100亿光年的天体。

此外，在伸手不见五指的黑夜，人们通过红外夜视仪，就可看清周围的事物，在 X 线机的帮助下，可以看到物体的内部状况，被人们称为"千里眼"的雷达、电视等，又可使人眼看到千里以外，甚至其他星球上发生的事物。照相术，特别是全息照相的出现，能将事物的形象记录下来，使之重现。

科学实验可以创造特定的自然条件，高效率、精密地探索和揭示人们在生产实践中所不能认识的自然规律。在地球表面，通常的大气压力为1大气压，即使在深达 10 000 多米的海洋中，也只有1千多大气压。但在现代实验室中，创造的静态高压已经达到二三百万大气压，动态高压可达1千万大气压。在常温常压下，氢是一种不导电的气体。但在低温条件下，它就会凝成固态氢，加压到300万大气压，它的电阻率即下降6个数量级。这表明氢已向金属转变。之后，即使压力逐步减小（甚至减小一半），电阻率也不会马上增加。因此，有人推测氢在更高的压力下可能会转变成为金属氢，这种金属氢在常温下具有超导电性。如果实验成功，这将使电气工业发生重大的变革。

现代科学实验采用的设备往往是科学技术发展的最新成果，设备的规模也越来越庞大。如被称为"宇宙粒子制造厂"的各种加速器，它的规模不亚于一座大型的机器制造厂，单是一个电磁铁芯就重达几万吨，整个设备的运转需要几千个工人和专业技术人员，它消耗的电力甚至比一座中型城市所需要的电力还要多。因此，现代的科学实验已不是18世纪那种少数科学家的个体活动，而是发展到了大规模的社会化集体劳动，这就使科学实验和科学研究进入到了新的发展阶段。

传说，公元前214年，一支罗马舰队正向着希腊的叙古拉城驶来，准备进攻叙古拉城。国王十分焦急，他的亲戚阿基米德是城里最有智慧的人。于是，他把阿基米德请来，一起商量抗击罗马舰队的事情。当他把罗马舰队即将包围叙古拉城的消息告诉阿基米德时，阿基米德很从容地对国王说："我相信能够摧毁这支舰队。国王问他："你有什么好办法可以拯救这座城市？"阿基米德回答说："用镜子阵，镜子可以将罗马舰队烧毁。"

国王不作声，只是摇摇头。显然，他不相信阿基米德的说法。

可是，阿基米德说这番话是十分认真的，他很执着。回到家后，他还真的考虑起这镜子阵的事来。他制作了一面面巨大的镜子。这镜子就是一片凹形的金属片，太阳光照射在它上面后，反射出去的太阳光会聚成一点，产生非常高的温度，足以将照射到的物体烧毁。

当罗马舰队驶近叙古拉城时，舰队上的罗马士兵发现岸上站着的士兵手里没有拿兵器，只拿着一面巨大的镜子，他们感到十分奇怪。正在这时，一道道光柱从岸上射来，照射到他们的舰船上。顿时，船上烈焰升腾，燃起了熊熊大火，还没有等他们搞清楚是怎么一回事，整个罗马舰队就已葬身于大火之中。罗马人成了太阳发出的"死光"的最早牺牲品。

尽管，这个传说的真实性有待考证，但是，对于太阳的巨大能量谁也不会怀疑。在法国南部比利牛斯山区的奥德罗，有一个用63片镜子组成的太阳炉，温度可以高达3 000℃，足以使各种金属熔化。

我们知道，太阳表面的温度是6 000℃，其中心温度高达2 000万℃。它喷发的巨大火焰可以高达100多万千米。太阳辐射出来的巨大能量，大约只有二十二亿分之一到达地球大气的最高层，其中有一部分被大气反射掉和消耗在加热空气上，尽管如此，每秒钟到达地面上的太阳能总量仍然高达80万亿千瓦。这比现在全世界发电总量还要大5万倍。可见，太阳的能量巨大。

太阳能只是各种能量中的一种形式，还有机械能、化学能、热能、电能、辐射能、核能等，它们可以通过一定的方式互相转换，但在不同形式的能量之间相互转换时，其量值是守恒的，称为能量守恒定律。

神奇的能量

能量守恒和转化定律发现的三重奏

四五十万年前，我们的祖先钻木取火，把机械能转化为热能。后来，他们又利用畜力、风力和水力来运转机械，驱动车船，把其他的能转化为机械能。尽管，他们并不明白能量转化定律，但是，他们进行了能量转化的实践。到了 19 世纪，人类又进行了电能与机械能、热能、化学能相互转化的实践，为能量守恒和转化定律的发现提供了条件。

迈尔、焦耳和赫尔姆霍茨三人同时奏响了发现能量守恒和转化定律的三重奏。迈尔是一位德国青年医生，26 岁时随船从荷兰驶往东印度。当船经过热带海域时，迈尔发现海员血色要比在欧洲时红亮。他认为这是血液中含氧较多的缘故。因为这里天气较热，人只需吃少许食物就足够了，所以人的氧化过程减弱了，留在静脉血里的氧就比较多。由此，他联想到食物中的化学能也能像机械能一样转化为热能。回国后，他在一家造纸厂用马作动力搅拌纸浆，从纸浆升高的温度，得知马做功也可以产生热量。1842 年，迈尔把这个结果写成了论文《论无机自然界的力》，却被《物理学年鉴》杂志的主编波根多夫退了回来。后来，他在李比希主编的《化学年鉴》杂志上发表了。1845 年，他写了第二篇

迈尔（左）、焦耳（中）和赫尔姆霍茨（右）

论文，是自费发表的。但他的研究成果并不为当时科学界接受。10年后，科学界才有少数几个人肯定了他的能量守恒和转化定律。

焦耳是英国物理学家。他先后用了40多年的时间，进行了大量实验，测出热与功转换数值，用实验证实能量可以在各种能量间转化和守恒。焦耳的能量守恒和转化定律的思想引起了很大的轰动，焦耳也成为了科学界注目的人物。

赫尔姆霍茨是德国物理学家。26岁时，他在柏林物理学会上宣读了他在研究动物热的过程中发现的能量守恒和转化定律的论文《活力的守恒》，被权威们看成是异想天开的思辨，波根多夫主编的《物理学年鉴》杂志也拒绝发表这篇论文。赫尔姆霍茨不得不自费出版，但仍不受重视。

但是，历史是最好的检验石，能量在转化前后"没有任何毁灭，未曾有任何损失"的能量守恒和转化定律，成为19世纪三大科学发现之一。

最大能量和最小能量

在自然界中，物质的能量有大有小。我们先来说说最小的能量。

任何一个人，哪怕是小孩，都可以从地面上将0.001克重的物体举起1厘米高，他所花费的能量大约是10^{-7}焦耳。这么一点能量，在微观世界里，已是十分惊人的了。焦耳的单位太大了，要用电子伏特作为能量单位。1电子伏特就是1个电子电量的粒子通过1伏特电位差时所获得的能量。1电子伏特只有1.602×10^{-19}焦耳。

宇宙射线是一种来自地球以外的高能带电粒子流，被人们称为"天外来客"。1912年由奥地利科学家赫斯发现。目前所观察到的宇宙射线，它的粒子的最高能量是10^{21}电子伏特，不过160多焦耳。160多焦耳的能量能做些什么呢？仅仅能使40克水温度升高1℃。

科学家在研究物质结构时，常常需要将原子核打开。打开一个原子核一般要10^8电子伏特的能量，才能将一个质子或一个中子从原子核中打出来。如果要研究质子或中子的结构，就需要更大的能量，大约在$10^9 \sim 10^{10}$电子伏特的能量。它们比宇宙射线粒子的能量要小得多了，还没有将0.001克重的物体举

氢弹爆炸试验

起 1 厘米所做的功的能量大呢!

在化学反应中，分子的化合和分解所涉及的能量就更小了，只有 0.1 电子伏特。

现在，我们来看看最大的能量。

一个静卧的人每小时需要 340 ~ 400 千焦的能量，劳动的人每小时需要 480 ~ 2 400 千焦的能量。

2003 年 10 月 16 日，宇宙飞船"神舟五号"返回地面，我国首次载人航天飞船获得了圆满成功。航天飞船消耗的能量是十分惊人的，通常一枚几百吨重的火箭只能将几吨重的东西送入轨道上。火箭的发射能量大约为 10^{12} 焦耳，是 10 万人一天消耗的能量。

但是，它与氢弹爆炸、大地震产生的能量相比要小得多。氢弹爆炸的能量在 10^{16} 焦耳，大地震爆发的能量更大，达到 10^{20} 焦耳，比火箭的能量大了 1 万 ~ 1 亿倍。

如果我们来看看宇宙中的景象，还要令我们吃惊。太阳每年辐射出的能量达到 10^{34} 焦耳，一次超新星爆发释放的能量比太阳一年辐射出的能量还要大，达到 10^{43} 焦耳。类星体每年辐射出的能量还要高，达到 10^{48} 焦耳，是目前所知辐射能量最大的天体。

小学生一天需要多少能量

人赖以生存的"燃料"是由植物光合作用所固定的太阳能。这些能量被转化成化学能而存在于三种主要营养素——糖类、脂肪与蛋白质中。

一个正常的成年人每日需要 6 000 ~ 10 000 千焦的能量，其中 70% 供维持人体细胞的生命、脑、神经组织的活动，心脏与血液循环，肺的呼吸作用，肾脏的过滤和再吸收，以及肝脏机能的维持等需要，即所谓的"基础代谢"。男性每平方米体表面积需要160千焦/小时，女性每平方米体表面积需要140千焦/小时。

小学生营养图

在正常情况下，个人的基础代谢消耗并无显著的差别，每人需要能量的大小，主要在肌肉活动上的消耗。静卧的人每小时需要340～400千焦的能量，但是，一个重体力劳动者每小时的能量需要可达到2 400千焦。一个每天需要9 600千焦能量的人，用于肌肉的活动（走路、散步、写字、进食等）为800千焦左右；而运动员的肌肉活动可能需要12 000千焦的能量。

还有一部分能量在进食时被消耗掉。在进食时，为了消化、吸收或吸收能量（糖类、脂肪、蛋白质）后的转化、贮存等需要分泌消化液、酶素的合成和活化等。摄入糖类时，约有6%左右的损失；摄入蛋白质时，损耗可高达30%。

小学生的年龄在6～13岁，他们处于一个长身体的阶段，每年身高平均增长5厘米左右，体重平均增加2～3千克。小学生又活泼好动，因此，相对来说，他们需要的能量会比成年人多一些。一个7岁的男生，体重22千克，每天需要的能量就达7 200千焦。小学生每天的平均能量消耗在6 400～9 600千焦。这相当于1千克大米产生的热量。

当然，不能一天吃这么多的粮食，还要吃一些其他的食物。但是，这点能量足够满足小学生一天的需要。当然，这是一个大致范围，每个学生每天的活动量也会不一样，男女生之间也不一样。一般情况下，同龄的男生需要的能量略高于女生。因此，我们可以根据自己的活动情况摄入不同量的饮食。

晒牛奶的故事

　　你看了这个题目一定会感到十分奇怪吧。俗话说："骄阳似火"。强烈的阳光像火一样炎热。在太阳的照射下，气温可以达到四五十摄氏度，地面温度可以达到七八十摄氏度，甚至可以将鸡蛋烤熟。那么，把牛奶放在太阳底下晒，牛奶不会变质吗？答案是，不仅不会变质，而且牛奶会变凉，像从冰箱中取出的那样凉爽。你信吗？

　　在欧洲的巴尔干半岛，盛夏非常炎热。有一年，一位植物学家去那里考察。那天，天上没有一丝云彩，太阳像个大火球似的挂在天空中，他头上虽然戴了一顶太阳帽，但是遮挡不住太阳的烘烤。他一边拿着一根合金的多用手杖，一边艰难地跋涉。太阳烤得他口干舌燥，实在难以忍受。这时，他多么想喝一口水呀！

　　终于，他来到了一个小镇，有一个头顶瓦罐的中年妇女向他走来。他赶紧上前问这个妇女："你瓦罐里盛的是水吗？"

　　那位妇女说："不是。你想喝牛奶吗？"

　　"可以，可以。有没有凉一点的牛奶，这真谢谢你了。"植物学家边说边走进附近的树荫下，放下身上的背包，在地上坐了下来。

卖牛奶的女人

那个妇女回答说："你稍等一下，让我把牛奶晒一晒。"只见，她把盛牛奶的瓦罐，用湿毛巾左一层、右一层地包了个严严实实，然后放在烈日下晒了起来。

植物学家感到很纳闷，这样，牛奶不是越晒越热吗？

一会儿，这位纯朴憨厚的妇女将牛奶倒入

一只杯子里，双手递给了植物学家，"你慢慢喝吧！"

植物学家双手接过杯子，一仰脖子就把牛奶一饮而尽。"啊，真舒服啊！简直像从冰箱里拿出来的冰牛奶一样。"这时，植物学家才相信牛奶真的被太阳"晒凉"了。后来，植物学家也悟出了其中的道理。

这就像夏天，在房顶上浇一点冷水，可以使屋里感到凉快一些的道理一样。水在蒸发时，会带走周围的热量，使温度下降。同样，用湿毛巾包住瓦罐，放在灼热的阳光下，经阳光一晒，湿毛巾里的水分会很快被蒸发掉。水在蒸发时会吸收大量的热量，除了太阳光的热量外，还会从瓦罐里的牛奶中吸走热量，这样牛奶的温度就降了下来，我们喝起来就会感到很凉爽。这实际上也是一种能量的转换，湿毛巾中的一部分水分汽化带走了牛奶中的热量。

大雁领飞的启示

每年大雁总要南来北往，它们在天空中的队形也总是秩序井然，即使是在茫茫夜晚，也总有一只大雁在前领飞，排成人字形的队形。因为这样对它们来说最省力。

鸟在飞行时，不断地扑动着翅膀，在翅膀的上方，空气会变得很稀薄，形成一个低压区；而在翅膀的下方，则会形成一个高压区。这样鸟的身体便被它下面的空气高高托起。当领头的一只大雁扑动双翅飞行时，在其双翅的翼梢会产生一股上升气流。于是，在其身后的大雁就可依靠这股上升气流托住它的一只翅膀，第二只大雁飞行时，同样可以托住其身后的另一只大雁的一只翅

雁南飞

膀……因此，在一群飞行的大雁中，除了领头的一只大雁外，其他的大雁都可以用单翅进行飞行，这样就可大大地节省体力，使它们可以进行长途飞行。

在大自然中，具有这种节能本领的生物非常普遍。生活在海洋中的鱼类，它们在长途洄游时，也总是列队前进，井井有条。后面的鱼会借助前面的鱼在游动时产生的一股向前的水流滑行。因此，在长途洄游时，它们会不停地调换自己的位置，时而游向费力的前排，时而退在省力的后排……

既然动物都有各自的节能高招，那么，被称为"万物之灵"的人类，他们的节能本领当然就更大了，花样也就更多了。人们不但善于开发各种新能源，而且也巧于节省各种能源。

在体育运动中，运动员用各种方法保持体力，节能更是他们的拿手好戏。例如，在公路自行车比赛中，人们常常会看到，几名运动员骑成一行，一人在前领骑，后面的运动员和前面的运动员时不时地相互调换，这与大雁在前领飞一样，骑在前面的运动员受到的空气阻力最大，领骑的运动员比后面的运动员要多消耗 30% 左右的体力。这样相互交换前后位置，可以很好地保存体力。

现在，节能技术已经成为世界各国都十分关注的热点。

疯狂的过山车

说到过山车，人们马上会联想到"疯狂"二字。过山车是一种速度、高度和陡峭度不断变化的游乐设施，尤其是那种风驰电掣、有惊无险的快感，给人们带来了新奇的享受和无穷的乐趣。正是这种挑战人类极限的惊险和刺激，使不少人着迷，尤其是青年人乐此不疲。

如果你对物理学感兴趣的话，那么在乘坐过山车的过程中，不仅能够体验到冒险的快感，还能亲身体验一下由能量守恒、加速度和力交织在一起产生的效果。那感觉真是妙不可言。其实，人们在设计过山车时，就是巧妙地运用了物理学上的能量转换原理。

开始的时候，过山车靠一个机械装置将它推到最高的一个"山丘"上。然后，让过山车从最高的"山丘"上自行滑下。它下滑的动力来自于势能。势能就是物体所处位置而自身拥有的能量，物体所处的位置越高，它的势能也就越大。

当过山车开始下降时，它的势能就不断减少（因为高度下降了），但它并不会消失，而是转化成了动能，也就是运动能。在过山车下滑中，势能不断地减少，而动能不断地增加，使它的速度越来越快。在几秒钟内，时速就可以达到几十千米，甚至一百多千米。目前，世界上最快的过山车，可以在 1.8 秒钟后达到时速 172 千米。

当过山车到达"山丘"底部时，它的势能全部转化为动能，这时它的速度达到最高点，冲上后面一个"山丘"。这时过山车的动能又转化为势能。随着过山车到达"山丘"的顶部时，它的势能达到最大，而动能最小。但是，在能

过山车

量的转化过程中，由于过山车的车轮与轨道间的摩擦作用，产生了热量，从而损耗了一部分机械能（动能和势能）。所以，过山车已经不能上升到原先的高度。这就是过山车后面的"山丘"比开始时的"山丘"要低的原因。

在到达"疯狂之圈"时，沿直线轨道行进的过山车突然向上转弯。这时，乘客就会有一种被挤压到轨道上去的感觉，这是离心力的缘故。在环形轨道上，由于铁轨与过山车相互作用产生的一种向心力。这种环形轨道是略带椭圆形的，目的是为了"平衡"引力的制动效应。当过山车达到圆形轨道的最高点时，事实上它会慢下来，但如果弯曲的程度较小时，这种现象会减弱。一旦过山车走完了它的行程，机械制动装置就会非常安全地使它停止下来。

费米的失误和原子能的发现

几千年来，人们一直梦想有朝一日能够"点石成金"。1941 年，一个美国物理学家真的将汞变成了黄金，实现了几千年来的梦想。但是，他制造黄金的

$$\alpha = \frac{\hbar^2}{ec}$$

意大利物理学家费米

代价远远要高于黄金本身的价格。所以，黄金还得从地底下去挖。但是，他开辟出了一道释放原子核中的丰富能量的道路。

我们知道，原子有一个密度很大的中心，叫原子核。围绕原子核旋转的带电粒子，叫电子。在原子核中又有带电的质子和不带电的中子。

1934年，意大利青年物理学家费米想用中子做"炮弹"去轰击铀原子核，制造出一个比铀原子更重元素的原子。尽管，他成功地将中子射进了铀原子核，但是，制造出来的不是原子序数为93的超铀元素。费米并没有意识到这一点，因此发现铀核裂变的机会与他失之交臂。

这时，有一对德国年轻物理学家诺达克夫妇提出了完全不同的看法，否定了费米的"超铀元素"的结论，大胆地假定，"铀原子核在中子的轰击下发生了裂变反应，原子核分裂成几个碎片，这些碎片应该是已知元素的同位素，但不是被轰击元素的相邻元素。"

这一看法得到了德国著名物理学家哈恩的支持。费米再一次失去了完成一项重大发现的机会。这是很有才能的费米在科学研究生涯中的一个很大失误。

费米本是一个非常细致、一丝不苟的人。他的同事称他为"教皇"，意思是，他总是正确的。但

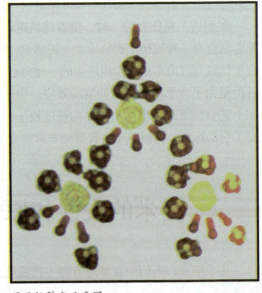

原子核裂变示意图

有一次在他家里安装"风斗"时，他计算了一下"通风量"，然后决定尺寸大小，结果发现还是算错了，通风量差了一倍。由此可见，不犯错误的人是没有的。

原子核被中子击中后，分裂成为两个体积大致相等的核。但是，物理学家迈特纳发现，两个核加起来并不等于铀的原子量，而是小于铀的原子量。那"丢失"的质量到哪里去了？迈特纳认为，"它变成了能量"。这一消息立即传遍了全世界。铀核分裂产生的能量，比相同质量的化学反应放出的能量大几百万倍以上。就这样，人们发现了"原子的火花"，一种新形式的能量。这个能量就是原子核裂变能，也称核能或原子能。

后来，哈恩、约里奥·居里等人又发现在铀核裂变释放出巨大能量的同时，还会释放出两三个中子来。这意味着一个中子打碎一个铀核，产生能量，同时放出两个中子来；这两个中子又打中另外两个铀核，产生两倍的能量，再放出四个中子来，这四个中子又打中邻近的四个铀核，产生四倍的能量，再放出八个中子来……这样的链式反应，持续下去，宛如雪崩，将沉睡在大自然中几十亿年的原子能量释放出来。

"芝加哥1号"

1942年11月，在芝加哥大学的校园里，有一所破旧而古老的建筑。它是芝加哥大学运动场的西看台，像个有炮塔的城墙，外面挂着"冶金实验室"的招牌。

费米和40多个科学家正在这里紧张地忙碌着。这里正在建造世界上第一座原子核反应堆"芝加哥1号"。

在原子核反应堆中，由于放进了屏蔽物，不会因核反应释放出来的中子过多，而发生"雪崩"，但又不至于使核反应停止。原子核反应堆的能量和原子弹的能量虽然都来自原子的核裂变，但原子弹就好像把一根火柴丢进一桶汽油里，引起猛烈的燃烧和爆炸，而原子核反应堆则不同，它犹如将汽油注入汽车发动机中，让汽油中的能量慢慢地释放出来。

世界上第一座原子核反应堆是用石墨做堆芯，在每块石墨中间插上铀棒，并用镉作控制棒来控制反应堆内的核反应的快慢。当镉控制棒从反应堆内取出

世界上第一座核反应堆

时，中子就会引发铀的链式反应；一旦链式反应太快时，可以插入镉控制棒来吸收中子，使反应的速度减慢下来。这样就可以控制核反应的速度，达到核反应的自持。

1942 年 12 月 2 日上午 9 点 45 分，费米下令抽出控制棒，但由于安全点定得太低，中子全被控制棒吸收掉了，核反应没有发生。

午后，他们又对控制棒作了一些调整。3 点过后，费米一面盯着中子计数器，一面命令韦尔抽出那根主控制棒。费米说："再抽出 1 英尺（30.4 厘米）。""好！这就行了。"站在一旁的康普顿教授说："现在链式反应就成为自持的了。仪器上记录的线条一直在上升，不会再平移了。"此时正是 1942 年 12 月 2 日下午 3 点 25 分。

当这世界上第一座原子核反应堆开始运转之际，在场的人们聚精会神地盯着仪器，一直注视了 28 分钟。"好了！把一根控制棒插进去。"。立刻，计数器慢下来了，反应停止了。时为下午 3 点 53 分。"成功了！成功了！"现场发出了一片欢呼声。这是人类第一次利用原子核反应堆，从原子核中直接获取能量。

如今，在这座建筑的外墙上，人们还可以看到如下的碑文：

"1942 年 12 月 2 日"

"人类于此首次完成自持链式反应的实验，并因而肇始了可控的核能释放。"

这是一份原子时代的出生证书。

秦山核电站

秦山核电站是我国第一座自行设计建造的核电站，位于浙江省海盐县秦山

秦山核电站

山麓北侧，杭州湾畔。

厂门是一道长长的自动门，里面像一座隔绝尘世的小城，但没有一座高大的建筑，在绿地与空地四周，是一座座低矮的、形状各异的、整洁明快的白色房屋。它们是主控室、反应堆安全壳、汽轮发电机厂房、排气烟囱等，构成了秦山核电站的有机整体。

主控室是在一幢空阔而宽敞的大房子里。它是秦山核电站的"神经"中枢。主控室内一尘不染，灯光明亮柔和，工作人员穿梭忙碌着。在一个巨大的扇形控制台前，工作人员正在全神贯注地监控着核电站的运营。

反应堆是秦山核电站的心脏。它被安装在有三层保护屏障的反应堆安全壳内，使反应堆固若金汤。这个反应堆能产生几百摄氏度高温的蒸汽，通过管道送到汽轮发电机房，推动汽轮发电机发电。

汽轮发电机房在主控室与反应堆安全壳之间，它是一幢长达五六十米的建筑，里面有一台 30 万千瓦的汽轮发电机组。1991 年 12 月首次并网发电，至今已有 20 多年了。

1996 年 6 月 2 日，秦山核电站又开始建设第二期工程，二期工程有两座 60 万千瓦机组，其中 1 号机组于 2002 年 2 月并网发电，2 号机组于 2004 年 3 月运行；秦山核电站的第三期工程也已建成，为两座 70 万千瓦核电机组。它的外表和规模，要比第二期工程更气派、更壮观，像竖立在杭州湾边的一座宝塔，雄伟而有气势。它的 1 号机组于 2002 年 11 月 19 日首次并网发电，2002 年 12 月 31 日正式投入商业运行。2 号机组于 2003 年 6 月 12 日首次并网发电，于 2003 年 7 月 24 日正式投入商业运行。

　　秦山核电站发出的巨大的高压电流，正在源源不断地输送到华东地区的城市与乡村。

人类离"人造太阳"还有多远

　　不久前，中国科学院等离子体物理研究所建成了被称为"人造太阳"的世界上第一个全超导核聚变实验装置（EAST），并成功地进行了放电实验。

　　近年来，随着石油价格的不断飞涨，能源问题成为人们的热门话题。地球上的化石燃料还能用多久？一旦地球上的燃料用完，人类将怎样生活？这不是杞人忧天，而是摆在人们面前的一个很现实的问题。

　　自20世纪后半叶，人们一直在寻求解决能源危机的办法，各种新能源层出不穷，如氢能、生物能、风能、地热能等。其实，这些能源都来自于太阳能，有些是直接从太阳能转化而来的，如水能、风能、生物能，有些是早期由太阳能转化来的，如煤炭、石油等化石燃料。

　　万物生长靠太阳，人类生存离不开太阳。因此，人们在寻找解决能源缺乏的办法时，又想到了太阳。太阳已经燃烧了45.5亿年，它还可以燃烧五六十亿年。

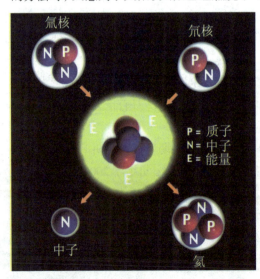

核聚变原理图

　　那么，人类是否也可以造出一个像太阳一样的释放出取之不尽的能源的"人造太阳"来呢？

　　1920年，英国天文学家爱丁顿提出，太阳能来自于氢变成氦的核聚变反应。1929年，美国天文学家罗素也得出相同的观点。1938年，美国物理学家贝特在实验的研究中，支持了他们的观点。

　　那么，什么是核聚变反应呢？

　　世界上每一种物质都处于不稳定状态，有时会分裂，有时会聚合，变成另外一种物质。例如，铀–235

分裂会变成氙、锶或氪、钡等物质。两个氢原子核合在一起，会聚合成氦或者氚。前者称为核裂变，后者称为核聚变。无论是核裂变还是核聚变，都会产生巨大的能量——核能。但是，核聚变能比核裂变能更大。同样重量的氢核聚变产生的能量要比铀裂变产生的能量大 11 倍。

太阳的表面温度为 6 000℃，中心的温度更是高达 1 500 万℃，压力达到 2 000 万大气压，足以使太阳上的氢原子分裂，电子被压碎，氢原子核可以自由地相互接近，随时随地都可以发生核聚变，使氢原子核变成氦原子核，同时，释放出巨大的能量。太阳的能量正来自于这种核聚变反应。

太阳上 90% 的原子是氢，9% 是氦，剩下 1% 是其他元素。几十亿年里，太阳就是靠氢聚合成氦释放出大量能量的。

核聚变能的前景非常美好。核聚变反应的燃料主要是氘、氚、锂等。氘、氚是氢的同位素。据测定，每 1 升海水中含 30 毫克氘，而 30 毫克氘核聚变产生的能量相当于 300 升汽油，未来 1 升海水就可以让一辆小轿车跑 3 个月！一座 100 万千瓦的核聚变电站，每年消耗氘只需 304 千克。地球上，海水中的氘有 45 万亿吨，足够人类用上百亿年。氚在氘的核聚变过程中会被制造出来。地球上的锂足够用 1 万 ~ 2 万年。

但是，在地球上，这种核聚变不会自发地产生，只有通过人工来实现。可是，实现人工核聚变可不是一件容易的事。科学家已经为此奋斗了半个多世纪。

由于原子核都带正电，要使两个原子核聚合在一起，必须克服静电斥力。两个原子核靠得越近，静电斥力就越大，只有当它们之间互相距离达到大约 3×10^{-13} 厘米时，核力（强作用力）才会让它们牵手，将它们聚合在一起，产生巨大的核聚变能。

在 20 世纪 30 年代初，英国科学家卢瑟福在剑桥的实验室里，用粒子加速器，将氘核加速到 100 千电子伏（KeV）去撞击由氚组成的靶，结果氘核与靶子中的氚核发生了聚合反应，并释放出大量的能量。但是，由于击中氚靶的比例非常低，所以聚合反应释放出来的能量还不足以注入加速氘核的能量。这样的实验装置还不能为我们提供能量，供人类使用。

1952 年 11 月 1 日，美国在太平洋的恩尼威托克岛上爆炸了第一颗氢弹。这是一次人工实现的核聚变反应。氢弹中的氘、氚和锂等核燃料，依靠一颗小型原子弹爆炸时，温度在微秒间迅速升高至 10^7℃，使它们在极短的时间内完成核聚变，从而释放出巨大的能量。人类第一次见到人工核聚变产生出的巨大威力。

但在人们兴奋之余，对于氢弹瞬间释放的巨大能量不能为人类所利用，反而造成巨大的破坏而感到失望。因此，只有在人工可控的情况下实现的核聚变才能为人类所用。

可控核聚变必须具备以下三个条件：（1）足够高的点火温度，需要几千万摄氏度甚至几亿摄氏度的高温；（2）反应装置中的气体密度要很低，相当于常温常压下气体密度的几万分之一；（3）充分约束，能量的约束时间要超过1秒钟。

人工可控核聚变的"点火"问题是首先碰到的一个难题。氢弹可以用一颗小型原子弹核裂变产生的高温引发氘、氚等轻核发生聚变反应，但在"人造太阳"的核聚变发电厂中，总不能用引爆一颗原子弹来点火吧。科学家想到了激光。目前，世界上最大激光输出功率达100万亿瓦，足以"点燃"核聚变。俄罗斯联邦核中心的科学家在一次实验中，采用12束激光轰击一个盛有氘、直径比人头发丝还细的玻璃管，持续时间0.3纳秒（1纳秒为十亿分之一秒），在玻璃管中发生了核聚变反应。他们在试验中实际测得的温度达到1亿摄氏度，是太阳内部温度的8倍。

第二步是如何持续保持超高温的火球。据计算，人工核聚变需要粒子温度达到1亿℃～2亿℃才行，这要比太阳上的温度（中心温度1 500万℃，表面温度6 000℃）还要高许多。这样高的温度拿什么容器来装它们呢？

20世纪50年代初，苏联科学家塔姆和萨哈罗夫提出磁约束的概念。苏联库尔恰托夫原子能研究所的阿奇莫维奇按照这个思路，于1954年建成了第一个磁约束装置。他将这一形状如面包圈的环形容器称为托卡马克（Tokamak）。

托卡马克就是"磁线圈圆环室"的俄文缩写，又称"环流器"。它像一个中空的面包圈，用一个封闭磁场将电离的等离子体约束在里面。所谓等离子体，就是物质到达10^5℃时，原子中的电子脱离了原子核的束缚，成为自由电子。等离子体就是由带正电的原子核和带负电的电子组成的气体。虽然，它整体呈现中性，但是在磁场中，每个粒

托卡马克装置原理图

子都呈现电性。所以，气体中的带电粒子会沿磁力线做螺旋式运动，它不会与周围接触，因此，容器就不怕高温了。等离子体被约束在环形的磁场中。这种环形的磁场又叫磁瓶或磁笼。

但是，将氘、氚加热到这么高的温度，粒子间的相互碰撞使它们的轨道随机重新安排，导致它们一步一步地横越磁力线，携带能量逃逸；另一方面，高温下的电磁辐射也要带走能量。能量从约束磁场中泄漏出去，不仅造成了大量的能量损耗，而且，使约束等离子体的磁场变得极不稳定。

经过研究，在托卡马克中，不仅要用环向线圈产生的环向磁场约束等离子体，而且要用极向磁场控制等离子体的位置和形状。由中心螺管产生的垂直磁场，形成环向高电压，激发等离子体，同时不断加热等离子体，起到控制等离子体的作用。

几十年来，科学家不断研究和改进磁场的形态和性质，以达到长时间对等离子体进行稳定的约束；但是，直到目前为止，托卡马克装置都是脉冲式的，等离子体约束时间很短，大多以毫秒计算，个别可达到分钟级，还没有一台托卡马克装置实现长时间的稳态运行，而且在能量输出上也没有能解决入不敷出的问题。

由于约束磁场的电流强度非常大，时间长了，线圈就要发热。为了解决这个问题，近来，科学家又把超导技术引入到托卡马克装置中。

在过去的60年里，世界各国已经建成近100个大大小小的托卡马克装置，为实现人工可控核聚变做出贡献。美国、日本、苏联、法国，以及欧洲的一些国家建造了多个大型托卡马克。1982年，美国在普林斯顿大学建成托卡马克聚变实验反应堆（TFTR），苏联建成了超导磁体的T-15。1983年，在英国建成更大装置的欧洲联合环（JET）。1985年，日本建成JT-60。后来，法国建成了超导托卡马克Tore-Supra。特别是法国的超导托卡马克Tore-Supra是世界上第一个真正实现高参数准稳态运行的装置，在放电时间长达120秒的条件下，等离子体温度为2 000万℃，中心粒子密度每立方米1.5×10^{19}个。

1984年，中国西南物理研究院建成环流器一号（HL-1）。1995年，中国建成环流器新一号。同年，中国科学院等离子体物理研究所建成超导装置HT-7。HT-7是苏联赠送给中国的一套纵向超导的托卡马克实验装置，经等离子体物理研究所的不断改进，成为一个庞大的实验系统。在十几次实验中，取得若干具有国际影响的重大科研成果。特别是在2003年3月31日，实验取得了重大突破，获得超过 1 分钟的等离子体放电，这是继法国之后第二个能产生分钟量级高温等离子体放电的托卡马克装置。

在 HT-7 的基础上，中国科学院等离子体物理研究所研制和设计了全超导托卡马克装置 HT-7U，后来名字更改为 EAST（Experimental Advanced Superconducting Tokamak）。在 2006 年 9 月 28 日，EAST 进行首轮放电试验，成功获得电流 20 ～ 200 千安、时间 3 秒的高温等离子体放电。这标志着世界新一代超导托卡马克核聚变实验装置在中国建成并正式投入运行，使我国的核聚变研究进入一个新的阶段。

EAST 是一台全超导托卡马克装置。它总重量 410 吨，内墙直径 7.62 米，高 11 米，从内到外一共有五层，每层都起到隔热保温作用。最内层的环流器像一个巨大的游泳圈，进入实验状态后，"游泳圈"内部将达到上亿摄氏度的高温，通过磁力线的作用，将等离子体约束在"游泳圈"里，发生像太阳上的核聚变反应。它能使等离子在 1 亿摄氏度以上的高温稳定运行的时间长达 16 分钟以上，是迄今为止世界上能让等离子体运行时间最长的实验装置。

EAST 还只是为建造"人造太阳"进行实验的一个装置，离真正建成"人造太阳"——核聚变电站还有很长的一段路要走。根据目前世界各国的研究状况，这一梦想最快实现还需要 50 年。

尽管，在各国科学家的不断努力下，对可控核聚变的研究有了快速的进展，但是，要实现人工可控热核聚变实在太困难了，不仅需要花费几十年的时间，而且投入的研究经费也将是一个天文数字，依靠一个国家的财力和人力来实现人类的这一愿望十分困难。因此，在 20 世纪 80 年代，许多国家提出了国际合作研究核聚变解决人类能源问题。

1985 年，苏联、日本、美国，以及欧洲的一些国家提出了

中国的核聚变实验装置（EAST）

一项大型的国际科技合作计划——国际热核实验反应堆（ITER），其目标是要建造一个可控制的核聚变实验反应堆。国际热核实验反应堆（ITER）计划也被称为"人造太阳"计划。有关国家于1988年开始实验堆的研究设计工作。2001年，经过13年

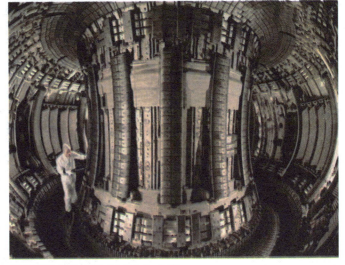

国际核聚变反应堆（ITER）内景

的努力，在汇集世界聚变研究主要成果的基础上，国际热核计划的工程设计终于完成。这个世界首个热核实验反应堆已经"花落"法国，它有10层楼高，能产生 500～700 兆瓦的核聚变能，预计 8—10 年完成，总投资额为 50 亿欧元。它是目前世界上仅次于国际空间站的最大一项国际合作项目。

中国从 2003 年开始参加这一项目。2006 年 5 月 24 日在欧盟总部布鲁塞尔，中国、欧盟、美国、韩国、日本、俄罗斯和印度 7 方代表共同草签了《成立国际组织联合实施 ITER 计划的协定》。不久前，中国宣布将承担 10% 工程造价，并享受全部知识产权。国际热核聚变实验反应堆将通过国际合作，为解决人类面临的能源和环境问题做出贡献。

建成热核反应堆，这仅仅是实现"人造太阳"的第一步，接下来还要建造工程示范堆，最后才能建成"人造太阳"核聚变能电站。到那时候，人类才真正用上取之不尽、用之不竭的清洁新能源。

"反物质"能源

人们虽然很早就认识了电，但并不知道电还有正负之分。直到 19 世纪末，

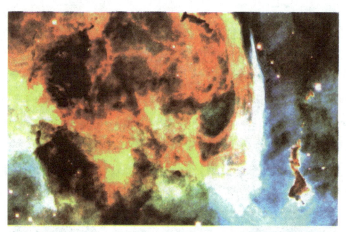

宇宙中的反物质

科学家才发现负电荷是由一种叫电子的粒子所带的。1897年，物理学家汤姆生发现电子，成为世纪之交的三大科学发现之一。

但是，过了三十多年之后，在1930年，美国年轻的科学家安德森在研究宇宙射线时，发现一张与众不同的照片，照片上的电子踪迹不是向右偏，而是向左偏。他认为这就是有科学家预言的"正电子"。1932年，他在美国的一份杂志上发表了这个发现。1936年，他因此荣获诺贝尔物理学奖。

正电子是电子的反粒子。这是人类第一次知道在自然界中还有反粒子存在。那么，是否还有其他的反粒子呢？1955年，科学家又发现了反质子和反中子。反质子是质子的反粒子；反中子是中子的反粒子。1965年，科学家得到了世界上第一个反物质，它是由反质子和反中子组成的"反氘"，后来，又得到了反物质"反氢"。

反物质与我们平时生活中看到的各种物质性质正好截然相反。它的内部结构也与我们平时看到的物质结构完全相反。我们平时的物质原子是由带正电荷的质子和带负电荷的电子组成的，而反物质的原子却是由带负电荷的质子和带正电荷的电子组成的。所以，反物质受力后，它的运动方向跟正物质的

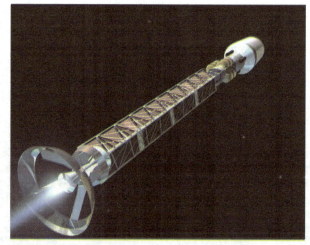

用反物质推动的火箭

运动方向完全相反。当你向前推它，它却往后靠；当你往南推它，它却向北移动。

　　这两种物质不能在短距离中相遇，一旦遇上，就会同归于尽，这在物理学上叫做"湮没"反应。在反应过程中，全部物质都转化为能量。因此，"湮没"反应产生的能量非常巨大，至少比核反应产生的能量大100倍，而且不产生放射性。例如，发射航天飞机需要耗费200吨液体化学燃料，如果改用反物质作为燃料只需10毫克（相当于小小的一粒盐）就足够了。但是，目前由于制造反物质的费用十分昂贵，1克反物质就需要花费10亿美元。所以还不能作为能源使用。相信通过科学家的不懈努力，总有一天反物质会为我们人类服务。

太阳的能量之谜

　　太阳的能量有多大？据估计，太阳辐射的功率达到3.8×10^{25}千瓦，相当于每秒钟燃烧500万吨煤放出的热量。那么，究竟是什么物质提供太阳这么大的能量呢？

　　最原始又最朴素的猜测是"燃烧说"。太阳像一只大煤炉，靠燃烧煤来发光和热。然而，燃烧煤是很难达到太阳表面温度6 000℃的，也不可能有这么大的辐射功率。美国天文学家姆霍兹提出一种"收缩说"。他认为太阳是一个巨大的气团，它不断地向外辐射热量，自身不断地收缩，就像压缩机在压缩空气时会发热一样，它会产生新的热能维持太阳不断发出热量。但是，气团会不断地被消耗掉，太阳的寿命不会超过8 000万年，而太阳已经存在了约50

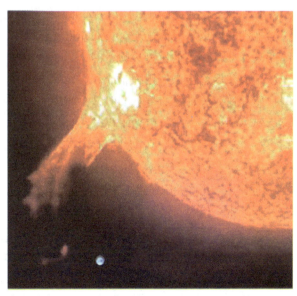

太阳爆发

亿年，这显然与太阳的实际年龄相差很远，所以这种"收缩说"也是站不住脚的。

　　后来，又有学者提出了"流星说"，认为流星不断撞击太阳，产生了大量的热能。但是，在几十亿年里，太阳并没有因流星的来到而增加体重。所以，这种说法也不正确。

　　直到1911年，人们发现原子核后，科学家提出了"核燃烧说"。核子通过核反应，会释放能量。如4个氢原子通过核反应，合成一个氦，能放出20兆电子伏特以上的能量。通过核反应提供能量，太阳的寿命足以达到几百亿年。核反应为太阳提供巨大的能量。但是，问题还没有完全解决。因为氢弹爆炸释放的能量是在顷刻间完成的，而太阳中的能量是持续不断释放的，所以，太阳能量的真正来源，仍是科学家需要进一步探索的奥秘。

太阳帆

　　早在400年前，著名天文学家开普勒曾设想，仅仅依靠太阳光能就可使宇宙帆船驰骋在太空中。1924年，俄国科学家齐奥尔科夫斯基等人提出：用照到很薄的巨大反射镜上的阳光所产生的推力获得宇宙速度的设想。

　　他们的设想是否可行呢？我们知道，光是由光子构成的。当光照射在一张厚度只有12.5微米的巨型风帆上时，光子就像球撞到墙上一样，会对它产生一个作用力，尽管这个作用力很小，在1平方米帆面上产生的作用力只有0.9达因，还不到一只蚂蚁的重量。但是，如果太阳帆的直径增至300米，其面积可以达到70 686平方米，由光压获得的推力为0.034吨，可使重约0.5吨的航天器在200多天内飞抵火星。若太阳帆的直径增至2 000米，它获得的推力为1.5吨，就能把重约5吨的航天器送到太阳系以外。

　　那么，怎样将太阳帆送上天呢？

　　太阳帆是用很薄的聚酯制成的，因此将它卷起来，体积很小。待航天飞机将它送到地球轨道后，地面控制人员打开它上面的8只机械手，从8个方向将太阳帆打开。然后注入压缩空气，使帆面拉长，并展开它的帆面，最后成为一个像伞面的八角帆。

　　太阳帆在太空中飞行时，就像帆船在大海中航行一样，只需改变帆的角度，就可以调整飞船飞行的方向。当太阳光照射产生的推力与太阳帆飞行的方向相一致时，太阳帆被逐渐加速，反之，将逐渐减速。据测算，当太阳光与太阳帆的角度成55度时，推力最大，使太阳帆逐渐加速。改变太阳帆的角度很方便，只要移动飞船上的两块滑板，使飞船的重心发生变化，就能改变它的角度。

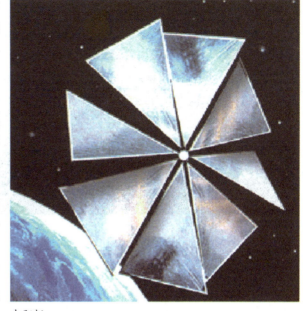

太阳帆

20世纪90年代，俄罗斯的科学家曾经把能照亮地球大地的"巨型太空伞"送上了地球轨道。这为将来施放太阳帆打下了基础。

2003年7月20日4时31分，俄罗斯在巴伦支海的伯利索格勒布斯克号核动力潜艇上，用1枚经过改装的SS-18波浪型导弹，成功地发射了宇宙1号航天器。宇宙1号航天器是世界上首次使用太阳帆作为动力装置的航天器。宇宙1号航天器的太阳帆面积为530.93平方米，由光压获得的推力可达255克。2010年，美国航空航天局发射一个太阳帆，准备花15年时间，行程37亿千米，飞赴太阳系的边缘。

海中"白烟"柱

1973年，一艘美国科学考察潜艇"阿尔文"号驶到北纬21度的东太平洋海面下2700米左右处时，发现有几个圆圆的、粗粗的"白烟"柱，矗立在海底与海面之间。柱中有一股浓浓的白色烟雾翻腾着向上升去，好像冬天烟囱里喷出的浓浓白烟一样。艇上的科学家用温度计一测，这些白色烟雾的温度竟然超

海底火山爆发奇观

过 380.5℃，令他们大吃一惊。在冰冷的海底，怎么会有如此高的温度呢？

原来，这一海区位于海底火山带，火山喷出的岩浆及熔岩涌出海底地表后，将海水烤热成灼热的水蒸气从海底喷出，炽热的水蒸气遇到冰冷的海水就变成了白色的水雾，迅速涌向海面，形成了这一海中奇观。

我们居住的地球是太阳系的一个行星，它曾经和太阳一样具有很高的温度，经过四五十亿年之后，它的表面逐渐冷却，形成了地壳。但是，它内部仍然很炽热，中心的温度约 6 000℃。在地球内部蕴藏着巨大的地热能。地热能的总量，相当于煤炭总储量的 1.7 亿倍。我们脚下，平均每往下 33 米，温度就上升 1℃。

美国钻了一口最深的井，钻杆伸到 9 600 米深处时，就被近 300 度的高温熔融硫磺黏住而动弹不得。据估计，仅地壳最外层 10 千米范围内，就拥有 2 554 亿亿亿焦热量，相当于全世界现产煤炭总发热量的 2 000 倍。

我国的地热资源十分丰富，目前已知的热水点有 3 430 个（包括温泉、钻孔和矿坑热水）。在我们的脚底下，有着一个广阔无比的地下热水海洋。在西藏拉萨市西北 90 千米的羊八井，发现了一个目前最大最深的羊八井热水湖，它的面积为 7.350 平方千米，最深处为 16.10 米，水面

西藏羊八井热水湖

温度达 46 ~ 57℃。整个羊八井热田的热流总量达 449 兆焦 / 秒，相当于一年燃烧 45 万吨优质煤。这在世界上也是十分罕见。

地热可以用来发电。1904 年，意大利在拉德瑞罗建立了世界上第一座地热发电站，装机容量只有 550 瓦。现在，世界上已有 20 多个国家建起地热发电站，总装机容量已达 680 万千瓦。我国在西藏羊八井建立了一个装机容量为 2.5 万千瓦的地热发电站。

地热的应用有着十分广阔的前景，除了发电外，地热水还可以直接用于采暖空调、工业烘干、农业温室、水产养殖、旅游疗养等方面。

种出来的能源

1944 年 6 月，盟军在诺曼底登陆。3 个月之后，德国军队从荷兰海牙郊外发射 V-2 飞弹，在英国伦敦郊外爆炸，揭开了现代导弹实战的序幕。V-2 飞弹携带近 1 吨的炸药，具有很大的杀伤力，但终究没能挽救希特勒灭亡的命运。V-2 飞弹长 14 米，直径 1.65 米，飞行高度 100 千米，最大射程可达 320 千米。它使用的是一种液氧 – 酒精燃料，这种燃料能产生巨大的喷气动力。

酒精是用淀粉或糖作为原料，经过发酵制得。工业生产酒精的成本很高，所以无法作为能源使用。但是，近来，科学家发现有些植物能直接产生酒精。在菲律宾北部的热带森林里，有一种叫"汉加"的野生树木每年开花结果 3 次，每次结果 15 千克，其果实里有 16% 的纯酒精。后来，在菲律宾的许多地方发现有这种"酒精树"。

还有些国家用木材

茂密的树林

会产"石油"的香胶树

生产酒精。在瑞典，种下了300万平方米的"能源树"，用于提炼酒精，可以替代50%的石油消耗。在南美的巴西、古巴等盛产甘蔗的国家，则用甘蔗做原料生产酒精。巴西推广酒精或60%酒精、33%甲醇和7%的汽油混合液作为汽车的燃料。到了20世纪80年代初，巴西每年就已能生产54.5亿升酒精，其中大部分酒精被用作汽车燃料。1万平方米土地上所种的甘蔗，可以生产相当于28吨石油的酒精。在澳大利亚种植的"能源树"是一种木薯，用木薯也能生产出酒精。

还有一些能生产"石油"的植物，更是引起了科学家的极大兴趣。这些"冒油"植物产生的"石油"，实际上是一种低分子的碳氢化合物，它的分子量在1 000 ~ 5 000，与矿物石油的性质极为相似。因此，科学家把它誉为"石油植物"。巴西有一种香胶树，富含油液，半年里，一棵香胶树可分泌出20 ~ 30千克胶液，不经过提炼就可作为柴油使用。我国海南、越南、泰国、马来西亚、菲律宾的热带森林里，生长着一种油楠树，身含油液，只要在树干上钻一个直径为5厘米的孔，2 ~ 3小时就能流出5升浅黄色的油液。这种油液不需加工便可作柴油机的燃料，也可用来点灯照明。

类似的植物还有很多。因此，种植燃料油植物可以建立起新的能源基地——"石油植物园"，为解决石油危机提供一条新的途径。

用植物发电

植物也能发电？这一观点令人难以相信。

　　美国和日本的科学家曾经做过一次有趣的实验：他们在早晨八九点钟的太阳光下，用灵敏度极高的微型电流表，测量植物的绿叶，竟然测出有 15 微安的电流。虽然，这电流极其微弱，但证明植物也会发电。

　　科学家在深入研究后发现，植物发电是叶绿体吸收光能后，光子夺取了叶绿体水分中的电子，这些被夺取的电子成为自由电子。如果这些自由电子朝着一定方向移动，就能形成电流。一棵大樟树或梧桐树约有 20 多万片树叶，每片树叶的细胞内有许许多多的叶绿体。如果将这些叶片摊开，其叶绿体的总面积可达 2 300 平方米，相当于覆盖 3.5 亩土地的巨型太阳能转换站，这仅仅是一棵树，要是一片茂密的树林呢？显然，绿叶的发电能力是十分可观的。

　　科学家在研究植物的光合作用时，还发现可以用植物的叶绿体制成一种光电池。叶绿体是植物细胞进行光合作用的细胞器。将叶绿体涂在微型的过滤膜上，用这种薄膜来分隔两种溶液。一种溶液中含有释放电子的化学品，另一种溶液则含有电子受体（接受电子的物质）。当光线透过含有电子受体的溶液照射到叶绿体上时，被释放的电子通过叶绿体进入电子受体溶液，就会产生电压。

　　由于光能的转换率还很低，目前这种用叶绿体制成的光电池，还不能付诸实用，但是，它在连续光照半小时后，在黑暗中仍能继续保持同样的电压长达 1 小时之久，而不像传统的光电池只能在光照下才能产生电能。

　　最近，科学家又开发了一种以植物蛋白为能量的新型电池。科学家从菠菜的叶绿体中分离出多种蛋白质，由于蛋白质分子体积很小，并且在离开原有的自然环境时会失去活性，因此提取蛋白质的过程十分复杂。科学家将这些蛋白质分子与一种肽分子混合，这种肽分子能在蛋白质分子外形成保护层，为其创造类似植物内的生存环境。之后，科学家将提取出的蛋白质分子铺在一层金质薄膜上，而后在其最上方加一层有机导电材料，做成一个类似"三明治"的装置。当光照射到这个"三明治"上时，装置内会发生光合作用，最终产生电流。

　　这种植物电池最长能工作 21 天，目前的光能转换率只有 12%，但是，科学家认为，有可能提高到 20%，比目前的太阳能硅电池的效率还要高。

　　植物电池具有无污染、携带方便等优点，可以作为笔记本电脑的电源，前景十分可观。

未来的光源

　　1700多年前，晋朝有个叫车胤的小孩，他家里很穷，经常没有钱买点灯的油。但他读书很刻苦，夜晚的时间也不肯白白放过。在夏天，他就捉来几十个萤火虫，放在一只能透光的纱布袋中，借萤火虫发出的微弱荧光来照明读书。有一天晚上，刮起了大风，又下起了大雨，没能捉到萤火虫，车胤在家长叹："老天不让我完成学业啊！"正在这时候，飞来了一只特大的萤火虫，停在窗子上，照着他读书。待他读完书，萤火虫就飞走了。后来车胤成了一位有名的学者。这就是脍炙人口"囊萤夜读"的故事。

　　萤火虫是一种会发光的昆虫。在夏季的夜晚，在庭院里或在田野上，人们会看到一闪一闪飞舞的萤火虫，就像一盏盏小灯笼，照耀在灌木丛上。萤火虫发光不是为了照明，而是招引异性的一种信号。雌萤火虫见到飞过来的雄萤火虫发出的荧光后，立即发出闪光，雄萤火虫就会朝着它飞去。

　　1900年的巴黎世界博览会上，光学馆有一间展览厅，室内格外明亮，它的"灯光"不耗费电力，而是来自玻璃瓶中的一种发光细菌。

　　在自然界中，除了萤火虫之外，还有许多动物也会发光。

　　在海面上，有时会发现银色的光带，有时又会涌出一团火球，那是海洋生物发的光。海洋中的海绵、珊瑚、海洋蠕虫、水母、甲壳类、蛤类、乌贼，以及单细胞海生生物——海藻等都会发光。

　　生物发光是将化学能转化为光能，属于"化学发光"的一种特殊形式。生物发光大致有如下三种。

美国田纳西州无数萤火虫点亮夜空

一种是细胞内发光，如萤火虫的发光。它是由生物体内的专门发光器官产生的。另一种是细胞外发光，如海洋里的海萤。它是将荧光素和荧光酶排出体外而引起发光的。还有一种是"共栖细菌发光"，如鮟鱇鱼头顶上的那盏"小灯笼"，里面就藏着发光细菌。它们靠鮟鱇鱼

头上有一盏"小灯笼"的鮟鱇鱼

供给养料，鮟鱇鱼靠它捕捉食物，两者互相依存，形成共栖关系。

生物发光是一种不产生热量的"冷光"，发光效率可以达到100％，也就是可以将化学能全部转变成光能，因此，它也是一种有希望的未来光源。到那时，屋内墙上涂有特殊的生物发光材料，白天接收阳光的照射，夜间就可"大放光明"了！

垃圾也能发电

垃圾是废物，我们无时无刻不在产生垃圾。据统计，1997年，全球"制造"垃圾5亿吨，我国占1.3亿吨。我国城市人均每年"生产"垃圾达到440千克，垃圾处理是城市建设中的一个重要问题。现在，人们已经开始变废为宝，发挥垃圾的作用。

早在2001年，上海就开始试验用垃圾来发电，在上海的浦东建起了我国第一座垃圾发电厂。这座发电厂有3座垃圾焚烧炉和2台8500千瓦的汽轮发电机组，主厂房有五六层楼高，一根烟囱高达80米。

垃圾车将分类后的可焚烧垃圾运到厂里，先在磅站称重，然后将垃圾运到7米高的卸料平台上，将车内的垃圾倒入垃圾坑内。垃圾坑的一侧有8个可开

垃圾发电厂模型

关的闸门与卸料平台相连，大型抽风机将坑内垃圾产生的臭气引到焚烧炉，这样就闻不到垃圾的臭气。垃圾坑很大，可以储存约 5 000 吨垃圾（可供焚烧 5 ~ 7 天）。垃圾坑上方的吊车抓斗将垃圾送入焚烧炉的进料装置，由机械臂将垃圾推入焚烧炉，产生 850℃ ~ 1 100℃的炽热气体。炽热气体通过管道进入余热锅炉，使锅炉内的水变成压力为 40 千克、温度为 400℃的过热蒸汽，带动汽轮发电机发电。燃烧后的炉渣排入渣坑。炉渣量约占垃圾量的十分之一。这个垃圾发电厂一天能焚烧 1 000 吨垃圾，每天发电 30 ~ 35 万千瓦时，可供 10 万户市民使用。

这座垃圾发电厂最大的好处是可以减少垃圾填埋对土地的占用。目前，上海每天产生各种垃圾近 1.4 万吨，绝大部分采用填埋处理，而填埋后的土地一般无法利用。

从 20 世纪 70 年代起，一些发达国家开始用焚烧垃圾来发电。美国有一座垃圾发电站的发电能力高达 100 兆瓦，每天处理垃圾 60 万吨。据科学家测算，焚烧 2 吨垃圾产生的热量大约相当于 1 吨煤。如果我国能将垃圾充分有效地用于发电，每年将节省煤炭五六千万吨。

近年来，垃圾发电也开始在我国起步，除上海以外，还有许多城市相继建起了垃圾发电厂。它的发展将开启我国的"垃圾新产业"。

开发人体能源

一个人一天要消耗掉 10 000 千焦左右的能量，这些能量可以将 50 千克的水，

从 0℃加热到 50℃，其中大约有 1/3 的能量被白白地浪费掉。目前世界人口已超过 70 亿，每人浪费的能量加起来，足足有 10 多座中型核电站发出的能量那么多。

人体可开发的能源是相当可观的。例如，睡 30 分钟午觉，就要消耗 100 多千焦的能量。在路上，跑步 60 分钟就要消耗 1 400 多千焦的能量。韩国的一个科学家测算出，一个人步行 4 ~ 5 步，可以产生大约 5 毫瓦的能量，经过转换，这些电能被送到一个小型的蓄电池里，可以供手机、MP3 等小型电器充电。

因此，他发明了一种"运动能量转换装置"。这种装置由一个微型步行发电机和一个产生电压的驱动器组成。将这个装置装在鞋子里，人们就可以一边走路一边给手机充电，或者听 MP3。这项发明被称作"走路充电技术"。

在美国的佛罗里达州，有一位工程师发明的一种步行装置，它不需外加的能量，完全靠弹簧和杠杆的联动作用，每小时能行进 30 千米。一般人在行走时，总有一部分能量浪费在垂直运动上。步行器不仅能加大步幅，而且能避免能量浪费。在行走时，步行者脚的作用力通过缆索、滑轮和杠杆传递到高能弹簧，导致弹簧伸缩，弹簧伸缩产生的能量再传递到机械腿，以达到行走的目的。这里弹簧的作用是贮存能量，并在下一步行走中释放出来，将人抬高，弥补了行走时垂直运动所消耗的能量。

还有一种行走发电装置，安装在热闹的大街上，成千上万的人们穿着五颜六色、样式不一的鞋子，或漫步在街头上，或急行于人行道上，摩肩接踵，熙熙攘攘。人们正在不知不觉之中干着一种极其有益的事情——发电！这种装置可以埋设在公共场所的地毯下。人走在地毯上时，依靠人的体重，将下面的一根摇杆压下，摇杆

繁华城市中来去匆匆的人群

带动一根中心轴旋转，使发电机发电。当行人不断地在上面走动时，摇杆会不断地带动中心轴旋转，使发电机不断地发出电来。它发出的电可以用在街道、商场、火车站等的照明上。

美国的一家超市在出入口处安装了一种旋转门，每天数以万计的顾客从这里进进出出，通过推动旋转门来带动发电机发电，供超市照明，驱动电梯、电扇等。

总之，开发人体能源已被提到议事日程上来了。

漫谈固体和液体

　　物体有三态：气态、液态和固态，就像水，我们见到最多的是液态水，我们平时喝的茶、饮用的饮料、洗衣烧饭用的水，都是液态的；但是，我们吃的棒冰，用以降温的冰，就是呈固态的水；烧水时，从水壶嘴里冒出的气，就是气态的水。物质的这三态在一定的条件下，是可以互相转换的。水在常温、常压下呈液态，如果在常压（1个大气压）下，将水加热到100℃，水就从液态变成了气态——水蒸气；相反温度降到0℃，液态水就变成了固态水——冰。自然界就是这样的神奇。

人是"有思想的芦苇"

"人只不过是一根芦苇，是自然界最脆弱的东西，但他是一根有思想的芦苇。"这是法国著名物理学家帕斯卡留给世人的一句名言。

帕斯卡就是这样的一根芦苇，他的生命非常脆弱，去世的时候年仅 39 岁。但他却是一根有思想的芦苇，为人类的文明做出了很大的贡献。

帕斯卡从小就非常聪明，在他 12 岁时，就发现三角形的内角之和是 180 度。19 岁时，他为了帮助父亲收税，发明了一台手动计算机，这是世界上最早的计算机之一。计算机界为了不忘记帕斯卡的贡献，将 1971 年面世的一种计算机语言，称为"帕斯卡（PASCAL）语言"，使帕斯卡的英名长留在计算机世界里。

帕斯卡还是一个喜欢动手实验的人。

有一次，他找来一只有桶盖的酒桶，在酒桶的桶盖上开了一个小孔，在小孔中插入一根很长的空心铁管，这根空心铁管足足有 5 米长。他先将桶口和铁管密封起来。然后，从铁管中慢慢地灌入水，将酒桶灌满。酒桶没有发生一点异常。他想，如果再往桶中灌水会怎么样？于是，他用杯子装了几杯水，倒入铁管里，使 5 米长的铁管里都充满了水。这时出现了惊人的一幕：酒桶竟然被这几杯水压破了，水从桶壁四处喷出。

帕斯卡起初也不明白几杯水为何会有如此巨大的力量，将酒桶的四壁压破。酒桶盛满水时，也没有被压破，一桶水不及几杯水的力量大，原因在哪里呢？

帕斯卡经过研究发现，酒桶的破裂，不是由于里面的水的重量，而是桶体四周受到

邮票上的法国科学家帕斯卡

的水的压力（压强）。假如，酒桶的高度为 80 厘米，那么，它的桶体每平方厘米上受到的水压也差不多为 80 克。酒桶四壁对这点压力还是可以承受的。但是，当铁管中充满水后，它的水位高度达到 580 厘米，这酒桶四壁受到的水压就不再是每平方厘米 80 克了，而是每平方厘米 580 克了，压力一下子增加了七倍多，酒桶的四壁承受不了这样巨大的水压，桶壁就破裂了，使水从桶壁中喷射出来。杯水破酒桶的奥秘就在于此。

后来，帕斯卡总结了这个实验，于 1654 年写成了一篇论文《论液体的平衡》，提出了著名的"帕斯卡定律"，指出在密闭容器中，静止流体的某一部分发生的压强变化，将毫无损失地传递至流体的各个部分和容器壁。这一定律的发现，为流体静力学的建立奠定了基础。

根据帕斯卡定律，人们发明了水压机、千斤顶等机械工具。

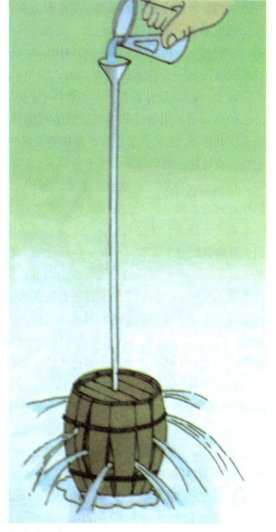

杯水破酒桶

我们熟知的万吨水压机也是根据帕斯卡定律制造出来的。科学界为了铭记帕斯卡的功绩，将"压强"的国际单位命名为"帕斯卡"，是因为他率先提出了描述液体压强性质的"帕斯卡定律"。

1646 年，年仅 23 岁的帕斯卡还做了许多有关大气压力的实验，他确信存在着真空。有一次笛卡儿去探访他，表示对存在真空十分怀疑，并且与帕斯卡争论了整整两天。两人不欢而散，笛卡儿在一封给惠更斯的信中以轻率的语气写道，帕斯卡"这个人的脑袋中实在有太多真空了。"

帕斯卡为了证实自己的想法，又做了许多大气压力的实验。

一天晚上，他用水银将一端封闭的玻璃管灌满，然后将它倒放过来，让开口的一端浸在一个盛水银的容器里。管子里的水银下降，像平时一样停在某一个位置上。帕斯卡为了要证实"液体中的压力是自下而上逐渐减少的。"他在自己的房间里，用桌子和椅子搭成临时的阶梯，沿着阶梯可以一直走上去，直到头碰到房顶。他一手拿着玻璃管和盛水银的容器，一手拿着照亮玻璃管的蜡烛，一步一步地往上走，结果令他十分懊丧，"玻璃管中的水银柱一动也没有动！"他只得从上面一步一步地走了下来，拆掉了用桌子、椅子搭起来的阶梯。弄得他浑身精疲力竭，只好去睡觉。

第二天醒来，他又有了新的主意。他的姐夫住的地方附近有一座小山，请他姐夫帮助他做这个实验。于是，他给他姐夫写了一封信和准备好实验器材。他姐夫选择了一个阳光明媚的天气，在山脚下，当着许多人的面，将两根同样的玻璃管装满了水银，然后将它们翻过来放在盛水银的容器里，两根玻璃管中的水银降到了同一高度。他将其中的一根玻璃管留在山下，然后带着另一根玻璃管爬上了1 400米的山顶。他发现这根玻璃管中的水银柱要比留在山脚下的下降了10多厘米，这证实了帕斯卡的想法。他把实验结果很快地写信告诉了帕斯卡。

帕斯卡接信后非常满意这个结果。他决定自己重新做一下试验。于是，他跑到教堂的塔楼上去，虽然，玻璃管中的水银高度变化不明显，但还是有差别。"一切都明白了。"帕斯卡发现了大气压力随着离地面的高度而减低，这就是后来的"帕斯卡定律"。他还由此推断出地球大气层以外是真空。笛卡儿得知后，突然改变了口气，自吹自擂地说两年前他已经开始鼓励帕斯卡从事这项研究，又说他自己虽然没有做过，不过他早就料到这些工作是会成功的。

不迷信权威的托里拆利

意大利著名科学家伽利略在70多岁的时候，双目已近失明，但还在费力地浏览一些科学论文。有一篇关于机械学的文章，立刻引起了他的注意，他看得出作者读过他的著作，于是，他就写信给作者，发现他只是一位不到30岁的年轻人。这位年轻人就是托里拆利，后来成了伽利略的助手。

托里拆利的老师是著名的水力学家卡斯德利。卡斯德利在巴都亚大学任教时，也是伽利略的好朋友。当时，有一个问题一直留在托里拆利的脑海里。

在一个灌满水的圆柱形铁筒里，如果在管壁边上开几个小孔，从这几个小孔中流出的水会怎么样呢？他的老师卡斯德利认为，从小孔中喷出的水流的速度与孔到水面的距离成正比。托里拆利却不这样认为。但是，卡斯德利是意大利的水力学权威，他的水力学著作曾被伽利略称为"珍书"。他还担任着意大利国王的水利顾问。他的见解又得到伽利略的赞同，因此无人敢怀疑。托里拆利并不迷信权威，为了弄清楚这个问题，他认真地做了实验。

邮票上的意大利科学家托里拆利

他在一个灌满水的圆柱形铁筒上开了三个小孔，一个在上面，一个在下面，还有一个在中间。这时，他看到，从上面一个小孔中流出的水，水速缓慢，水喷得也近；而中间一个小孔中流出的水要比上面一个小孔中流出来的水流要快，水喷得也远一些；从最下面一个小孔中流出的水，水速最快，水喷得也最远。他还对流出的水量进行了仔细的测量。他用三个容器分别将三个小孔中流出的水盛起来，结

距离液面不同的孔喷出的水速度不同

果发现，在相同的时间里，从上面小孔中流出的水要比下面小孔中流出的水少。

结果他发现，从小孔中流出的水流的速度不是跟小孔到水面的距离成正比，而是跟此距离的平方根成正比。由此他创立了著名的液体从容器细孔流出的理论，被后人称为"托氏射流定律"。卡斯德利著作中的错误被年轻的托里拆利纠正了！

他还发现从小孔中喷出的水流轨迹呈抛物线状。托里拆利的发现，为流体力学成为力学的一个独立的分支奠定了基础。

1640年，意大利塔斯坎宁大公爵在佛罗伦萨家中的花园里建造了一个很大的喷水池，又在喷水池里安装了一只水泵，从地下把水抽上来，供喷水池喷水之用。喷水池建好了，但是，不知什么原因，水泵就是抽不上水来，令大公爵十分失望。大公爵只好去请教大物理学家伽利略。

伽利略虽是一位伟大的物理学家，但"智者千虑，必有一失"。他认为水泵不能把水抽上来，是"自然厌恶真空"的缘故。在水泵活塞升起时，水泵中会形成真空，由于自然中不允许真空存在，因此水就被吸了上来。这与古希腊的亚里士多德关于"自然厌恶真空"的错误观念如出一辙。按照这种说法，水泵能够把水抽到任意高度，但是，他又认为自然对真空的厌恶是有一定限度的，水最多只能抽到离水面10米左右。这时的伽利略已无力进行研究，他直到去世也没有弄清楚水泵抽不出水来的原因。

1643年，35岁的托里拆利做了一个著名的实验。他找来一根长约1米、一端封口的细玻璃管（后来称它为"托里拆利管"），将水银慢慢地灌入细玻璃管中，并用手指按住管口，再将细玻璃管倒立过来，放入盛有水银的小碗中，让细玻璃管口浸没在小碗的水银中，然后放开手指。细玻璃管中水银高度逐渐下降，高度下降到76厘米左右就停止。细玻璃管上端空着的地方，除极稀薄的水银蒸气外，已经没有空气了。这是人类最早用人工方法获得的真空，人们称它为"托里拆利真空"。

托里拆利的实验告诉我们，水银柱到了76厘米高度就不再往下掉，这是小碗中的水银对它有一个向上托的力。这个向上托的力就是作用在小碗水银面上的大气压强。这个大气压强大约是在每一平方厘米上1.033 6千克。

这与水泵抽不上水有什么关系呢？水泵在抽水时，水管中只有水而没有空气。水井中的水面上有空气，也就有大气压强，这个压强支承着水管中水柱的重量。大约10.336米的水柱的重量与大气压强相当，所以水泵只能将井深不超过 10 米的水抽上来，否则井下的水就抽不上来。塔斯坎宁大公爵正是犯了这个错误，水井中的水离地面太深，水泵就无法将水抽上来。托里拆利终于解开了水泵抽不上水的疑团。

一道让三位世界著名的物理学家答错的问题

有一次，1952 年诺贝尔物理奖获得者、美国物理学家布洛赫，原子弹之父、美国物理学家奥本海默和俄国著名物理学家伽莫夫三人，同时出席一次国际性的科学会议。有人向他们三人提出了一个十分有趣的小问题，这个问题看似也十分简单。

在一个水池里，有一条小船，船上装载着一块石头。如果船上的人将这块石头扔到水池里，水池的水面会不会有什么变化？是升高了呢，还是下降了呢？或者根本就没有什么变化。这三种情况哪一种才是正确的呢？小朋友，你能回答得出吗？

可能，有的小朋友会凭直觉，马上回答："水池的水面会升高。"道理很简单，石头扔到了水池里，就像在盛满水的碗中放入一只番茄，水就会从碗中溢出来一样，使水池里的水面升高。

这个答案看似很有道理，但实际上是错的。那么，它错在哪里呢？

它与将番茄放入盛满水的碗中稍有不同。在这个问题中不单纯是像番茄放

奥本海默（左）、布洛赫（中）和伽莫夫（右）

三位物理学大师答错的问题

入盛水的碗中使水面升高那样，还有因小船扔掉了石头，使其重量减轻而向上浮起，从而造成水面下降。那么，这就要看是下降得多，还是上升得多了。

我们知道，石头比水重，也就是说石头的重量要比同样体积的水重。因此，当这块石头装载在船上时，船是浮在水面上的，石头的重量是靠水的浮力来支撑着的，它的浮力大小就是船排开水池里的水（使水池水面上升）的多少。由于石头要比水重好几倍，所以石头在船上使船排开的水要比石头在水中排开的水多好几倍，所以，石头装载在船上水池的水面要比将石头扔进水中要高。这个问题的答案应该是船上人将石头扔入水中，池中的水面的高度将会下降。如果从船上扔下去的是比水轻的木头或者是将水倒入池水中，那情况又会怎样呢？小朋友，你能回答得出吗？

三位著名的物理学家由于没有认真地思考这个看似简单的小问题，结果也都答错了。所以，我们在平时学习的时候，对有些看似简单的问题，不要想当然，要养成认真对待一切问题的学习习惯。

会爆炸的粉尘

1982年10月18日，刚过中午，位于摩泽尔河的法国东北部的工业城市梅斯新港，1座壁厚25厘米、高70米的钢筋混凝土粮食储存塔突然发生剧烈爆炸，临近的3座储存塔的塔顶部都被炸去了15~20米，塔的内壁严重开裂，需要立即拆除重建。在这次爆炸中，有12人丧生。

事后调查，引起这次爆炸的既不是炸弹，也不是石油、天然气之类的易燃气体，而是仓内储存粮食产生的粉尘造成的。

无独有偶，2014年8月2日上午7时37分，我国江苏昆山市开发区一家为汽车轮毂抛光的工厂，突然冒起一大股白色烟雾，大约10秒之后，烟雾由白色转变为青灰色，并且越来越浓烈。紧接着该厂的汽车轮毂抛光车间发生爆炸，爆炸后厂房的屋顶被掀开了三分之二以上。造成260余人伤亡的严重后果的罪魁祸首竟然也是粉尘。

粉尘爆炸现场一片狼藉

粉尘怎么会发生爆炸呢？它的威力有这么大吗？我们可以通过一个简单的实验来模拟储存塔的爆炸过程（这个实验要在老师的指导下进行）。

拿一个空的马口铁罐头（或普通的可乐罐头），在靠近罐头底部的边上开一个小孔，插入一根细铁管子，在管子的一端装一个皮囊，另一端与一个小罐头相通。在小罐头中放少量的干面粉，再在马口铁罐底上插一枝点燃的蜡烛，用一个盖子盖上马口铁罐头，然后，用手按动皮囊往小罐头内送空气，使罐中的面粉扬起，这时，在马口铁罐内就会发生激烈的爆炸，盖子也会被炸飞。

平时，我们用蜡烛点燃一包面粉，只会将面粉烧成焦黑状，绝对不会发生爆炸。甚至，火花落在成包的面粉上，也不会引起爆炸。但是，当面粉被空气扬起成粉尘时，如果遇到明火或高温，就会发生非常激烈的爆炸。

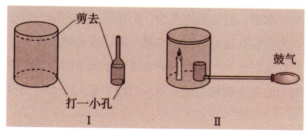

粉尘的爆炸实验

一般粉尘的颗粒都非常小，只有50～60微米，小的只有15微米。在储存粮食的仓库中的粉尘主要是碳氢有机化合物，具有很高的热量，大约每克含有6千卡的热量。一旦粉尘被空气扬起，它们立即被四周的空气所包围。由于粉尘的表面积很大，1克粉尘的表面积可以达到2平方米，而1克煤的表面积只有4～5平方厘米，几乎是扩大了4 000倍。一旦燃烧起来，它的燃烧速度就非常快，爆炸实际上就是一种快速燃烧。如果粉尘的燃烧速度达到每秒10～300米（亚音速），就会发生一般性的爆炸。如果它的燃烧速度达到了每秒 1 500 米以上，就会发生剧烈爆炸，足以将建筑物夷为平地。

灰尘真的很讨厌吗

恐怕没有人喜欢灰尘。扬起的灰尘会使人喘不过气来，引起人们的咳嗽，感觉十分不舒服。如果在一个满是灰尘的环境中生活或工作，时间久了，就会得一种职业病——矽肺，又称"硅肺""尘肺"，不仅会使人丧失劳动力，而且会使人丧命。如果在大自然中真的没有了灰尘又会怎样？

如果有一天真的没有了灰尘，我们的环境将会变得十分恶劣，没有了植被，遍地都是沙漠。事情真的会严重到这种地步吗？不错，如果大气中没有了灰尘，虽然大气中有许多水汽，但是它们不能凝结成水滴，天上就不会下雨。因为水汽的分了很小，由水分子聚合的水滴很小，在天上不会形成云雨，也就不会下雨。如果在天空中有了灰尘，情况就大不一样了。由于灰尘比水汽的分子大，水汽凝结在灰尘上就会变成液态的水，随着水汽凝结得越来越多，就形成了云雨。到了一定时候，天上就会下起雨来。有了雨水，地上就会长出植被，土地也不会变成荒漠。

另外，灰尘还能使光线发生散射。假如没有灰尘，阳光照射进房间，只能在它照射到的物体上看到有点光亮，其他地方则是漆黑一团。这是因为没有了灰尘对光线的散射作用。我们在太阳光下，可以看到有成千上万个闪着光芒的细小的灰尘颗粒。正是这些细小的灰尘颗粒，使一束从门缝中射入的太阳光照亮了整个房间。

灰尘还与天空中的颜色有关。雨过天晴，空中的灰尘被雨水带到了地面，空气变得清新透明。阳光经过天空，由于波长较长的红光、黄光被水汽吸收掉了，只剩下波长较短的蓝光和紫光，因此，天空显得一片湛蓝。在近地面的空气中，由于有较多的灰尘，天空会变青灰色或灰白色，太阳呈现黄白色。有句谚语"太阳照黄白，明日风雨狂"，就是根据灰尘增多而引起的天气变化。

玻璃和砖头

玻璃和砖头虽然都是用沙子制成的固体。但是，一个是晶莹剔透、光照可人，透过玻璃窗可以看到窗外的物体；一个粗糙黝黑，透过砖头却什么也看不见。这是为什么呢?

一个物体透明不透明主要是看光在通过物体时，物体对光吸收不吸收。如果光遇到不透明的物体，光会被这个物体全部吸收，所以看上去就不透明了。如果光遇到透明物体，光会通过这个物体，从物体的另一面射出，这种物体看上去就是透明的了。还有

雕花玻璃

的物体，如金属，因为其中充斥着大量的自由电子，而这些电子会将进入的光重新反射出去，挡住了进入的光线，这种物体就成了反光体。在光通过时，光会被物体反射回去，产生反光。

那么，我们现在来看看玻璃和砖头。玻璃和砖头虽然都是二氧化硅组成的，但是，它们的内部结构有很大的差别。在人的肉眼看来是均匀的材料，实际上是由许多很小的晶粒组成，这些晶粒间的边界被称作"晶界"，如果晶界间的距离很小或者晶粒本身足够小

古代用砖头造城墙

的话，那么，光线就能直接穿过。这种物质看起来就是透明的。但是，如果晶界间的距离比较大，那么晶界就会散射通过它的光线，使光不能穿过，物体就不可能透明。

先来看看砖头。它的表面十分粗糙，光照射在它上面会发生漫射，使光不能通过砖头，我们也就不能透过砖头看到东西了。如果把砖头放在高倍放大镜下，就会清楚地看到砖头里面有明显的晶界，而且晶界间的距离比较大，当光进入砖头时，就会被晶界全部散射掉，使光不能通过，它就变成了不透明的东西。

玻璃虽然成分与砖头一样主要是二氧化硅，但它的结构与砖头大不一样。它的晶粒很小很小，晶界几乎不存在，因此光能够直接通过。同时，玻璃表面十分光滑，可以让各种波长的光通过。如果在玻璃中加入铁、铜或钴等元素，它们会只让一定波长的光通过，玻璃也就变成了有颜色的玻璃。

液晶的奥秘

1888 年，奥地利的一位名叫莱尼兹的植物学家合成了一种奇怪的有机化合物。他把这种有机化合物加热使它熔化，当加热的温度达到 145℃时，原先透明的固态晶体变成了浑浊的液体，并发出多彩而美丽的珍珠般光泽。如果继续将它加热，达到 175℃时，它又会变成清澈透明的液体。当时，他也不知道这是什么原因造成的。后来，德国物理学家列曼用偏光显微镜观察它，发现这类浑浊液体外观上虽然属于液体，却具有晶体特有的双折射性，于是他就将其命名为"液态晶体"，也就是"液晶"。液晶是一种处于固态及液态之间的"中间地带"的东西，就好比骡子，它既不是马，又不是驴，所以也有人称"液晶"为有机化合物中的"骡子"。

液晶自被发现以后，人们并不知道它有什么用途。过了 100 多年之后，到了 20 世纪 60 年代，几个年轻的电子学家终于打破了沉寂，使液晶成为 20 世纪最有影响的科技成就之一。

1961 年，美国有一个年轻学者在准备博士论文答辩时，听到他的一个朋友讲述正在从事有机半导体方面的研究，引起了他的极大兴趣。他毅然放弃了原来的学业，选择了一个全新的课题——激光。他在两片透明导电玻璃之间掺入红色的向列液晶。当在两片玻璃上施以电压时，中间的液晶层就由红色变成了透明态。这时，他立刻意识到这不就是彩色平板电视吗！兴奋的小组成员立即与他开始了夜以继日的研究，他们相继发现了液晶的动态散射和相变等一系列液晶的电光效

液晶显示器

应，并研制成数字、字符的显示器件，以及液晶显示的钟表、驾驶台显示器等实用产品。美国的一家公司对他们的研究极为重视，一直将其列为企业的重大机密项目，直到1968年，他们才向世界公布。人们虽然制成了液晶显示器，却不太稳定，还不能用作显示屏的制作材料，这就大大地限制了液晶的大规模应用。1973年，英国的哈尔大学的两位科学家乔治·格雷和肯·哈瑞森发现了稳定的液晶材料，对液晶显示器的发展具有重大意义，使液晶显示器的大规模生产也成为可能。1976年，日本夏普首次将他们的发明应用到计算器上。1988年，日本夏普又开始研发14英寸彩色液晶显示器，两年后，世界上第一台14英寸彩色液晶显示器研发成功。现在最大的液晶彩色电视机的显示屏已经超过了100英寸。

喝啤酒"喝"出诺贝尔奖

啤酒是一种富有营养的饮料，有"液体面包"的美誉，深受人们的喜爱。特别是在炎热的夏季，饮啤酒可以醒脑消暑。但是你知道吗？有一个人喝啤酒"喝"出了诺贝尔奖。

此人叫格拉泽。1952年，他在美国密歇根大学从事原子核物理的研究工作。当时，他才26岁，非常年轻，但是对原子核物理的研究却情有独钟，非常专心，即使在吃饭、睡觉的时候，他也会思考研究中的问题。

啤酒

一天，他在工作之余，开了一瓶啤酒，原想让自己的头脑放松一下。因为最近一段时间，他为寻找更灵敏地探测原子核中的粒子的工具而伤透脑筋。他一边凝视着杯中金黄色的啤酒，一边冥思苦想着研究中的问题。格拉泽看着杯中的啤酒泡沫泛起又逐渐消失出神。顿时，他眼前一亮，觉得十分奇怪，啤酒泡沫无论从什么地方冒出来，它们总是秩序井然地升上来又逐渐消失。啤酒泡沫还可以从杯子底部和四壁不平整或有凹凸的地方冒出来。当杯中的啤酒泡沫冒完之后，杯中已经没有什么泡沫了。至此，格拉泽仍不满足，似乎还没有看够啤酒泡沫的升起和消失。他不经意地往杯子里扔进一粒东西，结果奇迹出现了。这颗东西一边下沉，一边在它周围又冒出了许多新的泡沫。他感到这个现象十分有趣，又从屋外取来了一茶匙的沙子，往杯子里倒，杯中的啤酒疯狂沸腾起来，从下沉的沙子周围冒出大量的泡沫，并且还溢出了杯外。

格拉泽立刻意识到，这一现象对他的核物理研究极为有用。他想到了威尔逊通过气体膨胀使过饱和的水蒸气冷凝成小水滴研究粒子。现在，啤酒中的这一串串的气泡是不是也可以用来研究带电粒子的尾迹呢？

格拉泽从这个日常现象中获得了灵感，发明了一种叫做"气泡室"的探测粒子的工具。当然，这气泡室中的液体不是啤酒，而是用了液态氢。当带电粒子射入液态氢中，这些粒子在穿过液态氢时，会夺取沿途氢原子的电子，形成离子。这些离子就像沙

实验室中的格拉泽

子掉入啤酒中一样，形成一连串的气泡，这样就显示出这颗带电粒子所走过的路径。

虽然这个过程的速度极快，用我们的肉眼是无法"看"到的。但是，可以借助于高速摄影，将它发生的过程拍摄下来，这样我们就可以在照片上看到它走过的路径。科学家就可以根据照片来分析这颗粒子的性质，并对它进

喝啤酒与诺贝尔奖

行研究。气泡室的发明，不仅使核物理的研究有了新的工具，而且取得了许多新的发现，促进了核物理科学的发展。格拉泽教授也因此获得了 1960 年诺贝尔物理学奖。他获奖时才 34 岁，是荣获诺贝尔奖最年轻的科学家之一。

由番茄酱引出的问题

长期以来，人们一直弄不清，为什么番茄酱会那么难弄？把它刚从瓶子里倒出来时，它会像果冻一样，黏稠得很，倒也倒不出来。但一旦将它摇晃一下又会流得很快。前后迥然不同的现象实在不可思议。

后来，科学家发现，除了番茄酱外，石油在输油管中流动，只要油泵不停地工作，它就会在输油管中流动得很好。但是，一旦油泵出了问题，停止了工作，石油就会在输油管中停止流动，就像番茄酱放置在瓶中一样，再要它流动起来就十分困难。

平时，我们吃瓶装蜂蜜时，打开瓶盖，蜂蜜怎么也倒不出来。但是，只要用一只小匙搅拌一下瓶中的蜂蜜，再把瓶子倒过来，蜂蜜就会很方便地倒出来。

在我们的日常生活中，类似番茄酱、石油、蜂蜜这样的东西还很多。它们

倒不出来的番茄酱

有一个共同的特点，就是放置不动的话，会像固体一样难以流动，但一旦被搅动后，又会像液体一样流动起来。科学家把这类物体的这种性质称为"触变性"。

为什么有些物体会有这种"触变性"呢？我们先来看一下酒精、水和石蜡，这三样东西都是液体。尽管，它们流动起来的速度各有快慢，酒精最快，水其次，石蜡最慢，但是，只要一有机会它们就会流出来。这就是液体的性质。

番茄酱就不同了，它是一种与固体混合而成的液体。其中的固体有一部分是漂移在液体中的，另一部分则溶解在液体中。番茄酱中的固体形成一种临时的支架，将番茄酱固化起来。一旦将瓶子晃动了几下或用小匙搅拌几下，固体物质形成的临时支架就会被破坏，使固化的液体变成了流体。但这种流体静止一段时间后，又会重新形成支架，使液体又变成黏黏的，不能流动。

科学家的这一发现，给商家创造了新的商机。例如，利用"触变性"制造的乳剂化妆品就很受消费者欢迎。乳剂装在瓶中不会流出来，使用时，只要用手指挑一点搽在皮肤上，用手抹几下，它就变成了液体状。抹开后嵌到面部的斑痕或皱纹中，它又会回复到原先那样不能流动。所以，人的脸上不会变得湿淋淋。

如果运用"触变性"制造油漆，那么在刷油漆的时候，油漆不会再顺着漆刷流下来弄脏手了，那多好呀！

形形色色的液体

液体的最大特点就是它的流动性，不能流动的物体叫固体。但是，不同的液体它的流动性会有很大的区别。下面介绍几种特殊的液体。

会向上爬的液体 "水往低处流"，这是大自然的规律。那么，会向上爬的液体是否违背了大自然的规律呢？当然不是。有一种叫亚麻仁油的黏性液体，将它放在烧杯中，然后用圆棒在烧杯中不停地转动（每秒钟转几圈或十几圈），就会看到一个有趣的现象：烧杯中的亚麻仁油会慢慢地爬上圆棒。如果用玻璃管代替圆棒，不仅管的外面会爬上亚麻仁油，而且在管内的亚麻仁油的液面也会升高。转速变慢了，爬上去的液体又会重新流下来。那么，是否因为亚麻仁油比较黏稠的缘故？不是，如果用同样黏稠的水玻璃、糖稀就没有这种向上爬的现象。这是因为亚麻仁油除了有流动性质外，还有"能恢复原状"的性质。

一般的黏性液体，在圆棒搅动时，由于离心力的作用，液体就会爬上烧杯

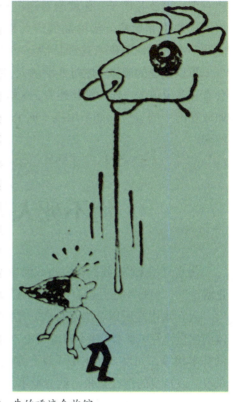

牛的唾液会收缩

的四周。像亚麻仁油那样的黏性液体，在圆棒搅动时，它就像细橡皮筋一样一圈圈绕在圆棒上，中间的液体被外面的液体压迫着，无路可走，只好向上爬行。

意大利匹萨饼

所以，向上爬行的液体并不是自己爬上去的，而是被挤压上去的。这一现象是英国科学家威森伯在1947年发现的，因此也叫"威森伯效应"。

会收缩的液体 山药捣碎制成的山药汁，尽管很黏稠，但它仍然像液体一样可以流动。这种液体有一个奇特的性质，它会收缩。如果用筷子将它搅

拌一下，再放开筷子，你就会看到筷子被它拖回去。不仅山药汁有这种特性，蛋清，蜗牛和蛞蝓分泌的黏液，人和牛的唾液、鼻涕，鳝鱼分泌的黏液，海藻和芋头的黏液等都有这种特性。

可以拔丝的液体 吃过匹萨的人，都会注意到，在用刀切一小块匹萨拿起时，会有许多像藕丝一样的细丝连着，这就是拔丝。有的液体也能像匹萨一样拔丝。如放在碗中的蛋清，如果用筷子向上一挑，就能拔出丝来。牛的唾液也能拔出丝来。

淹不死人的"死海"

每当夏季来临，我们在海边或河岸上常常会看到一块警示牌，上面写着："禁止游泳"。但每年还是会有不少小朋友因下河或去海滩游泳而溺水身亡。

人在水中之所以会溺水身亡，是因为一般水的比重只有1克/厘米^3，与人体的比重1克/厘米^{3}差不多。所以，人下到水里，水对人体的浮力和人体的重量基本相等，如果人在水中不动，水会将人的身体基本淹没。如果在水中遇到风浪，或自身的神经紧张，就会呛水，严重时会造成溺水身亡。

那么，有没有不会使人溺水的地方呢？有，在西亚靠近地中海的地方，有一个内陆湖，名叫"死海"。

公路旁的死海

死海南北狭长，面积约为1 000多平方千米。湖面低于地中海海平面392米，是世界上最低的地方。湖水有146米深，最深的地方有395米，所以湖底最深的地方，已经在海平面以下780多米了。死海的北面有约旦河流入，南面有哈萨河流入，但是，却没有水道和海洋相通，湖里的水只进不出。由于死海所在地区炎热干燥，气温高，蒸发强烈，水分蒸发后留下了盐分。年深日久，湖中积累的盐分就越来越多了，使死海变成世界上最咸的湖泊，含盐量高达27%，也就是

人漂浮在死海水面上

说在 10 斤湖水中含有 2 斤多盐，而一般海水含盐量只有 2% ~ 3%。

因为死海中含盐量太大了，所以湖水里除了某些细菌以外，其他生物都不能生存，沿岸草木也很稀少，湖泊周围死气沉沉，所以大家把这湖叫作"死海"。

正由于死海中的盐的含量特别高，使这里的水的比重也比一般海水大，达到 1.3 克 / 厘米^3，大大超过了人体的比重。人下到死海里，湖水只淹没人体的大半个身子，湖水的浮力可以将人托起不下沉，就像一跟木头浮在水中一样。

美国作家马克·吐温曾经在他的作品中描述过他在死海的有趣经历：

"我们竟不会沉下去。在这里，我们可以把身体完全伸直，并且把两手放在胸部，仰卧在水面上，大部分身体却仍旧在水面上。这时候，我们还完全可以把头抬起来……你能够很舒服地仰卧着，把两个膝盖抬到下颚下面用双手抱住他们——不过这样会使你很快就翻一个跟头，因为头部太重了。你可以头顶着海水竖起来，使自己从胸膛中部到脚尖这一段身体露在水面上，不过你不能长久地保持这种姿势。你不能仰游得很快，因为你的脚完全露在水面上，只好用脚跟踢水。如果你俯着身体游泳，那你就不能前进，反而要倒退。马在死海里既不能游泳，也不能直立，因为它的身体太不稳定了，它一到水里，只能侧着身体躺在水面上。"

世界除了死海外，还有里海的卡拉博加兹湖湾和埃尔塘湖，在我国四川大英县境内 1 亿 5 千万年前地球的两次造山运动形成的地下古盐湖盆地开发的人造"死海"，那里的湖水也是淹不死人的。

小毛驴学本领

　　小毛驴长大了，它可以同妈妈一起去驮东西了。有一天，驴妈妈的主人要去买盐，让驴妈妈带着小毛驴一起去。

　　小毛驴跟在妈妈的后面，到了买盐的小镇上，主人将买好的盐装在四个布袋里，用绳子分别将两个袋口扎在一起，一包放在小毛驴的背上，另一包放在驴妈妈的背上。小毛驴第一次驮东西，感到盐很沉很沉，走起路来很吃力。驴妈妈在后面看着小毛驴驮着盐往前走。

　　在回去的路上，它们遇到了一条小河，过河的时候，小毛驴一不小心，踩到了一块石头，脚底一滑，跌倒到河水里。虽然河水并不深，但是两袋盐浸在了河水中，袋中满是水。小毛驴用尽了浑身力气，在河水中拼命挣扎，终于站了起来，背着弄湿了的盐袋继续赶路。盐袋中不停地流出水来。走呀走，盐袋终于不再滴水了，顿时，小毛驴感到背上驮的盐袋变轻了，走起路来也轻松多了。小毛驴高兴极了，它好像有所感悟似的，心想：把东西往水中泡一泡，重量就会减轻。

　　又过了几天，主人要去城里买棉花回来纺纱织布。小毛驴和驴妈妈又一起

盐袋浸水后会变轻

跟着主人去城里。主人将买好的棉花分成两包，一包驮在小毛驴的背上，另一包驮在驴妈妈的背上。它们同上一次一样，在回去的路上遇到一条小河。它们又要从小河中走过去。这回小毛驴似乎很有经验的样子，它想要和上次一样减轻一点背上的分量，就装作不小心，脚底一滑，又一下子跌倒在河水中。

　　这回小毛驴从河水中站

起来，比上一次还要吃力，真可以用花了九牛二虎之力来形容。当它准备继续赶路时，背上驮的棉花沉得让它直喘气，四肢迈不开步，一点也动不得。它心里直发毛，不知为什么原来不太重的棉花变得这么重了。小毛驴哭丧着脸，向驴妈妈求助。

小朋友，你们知道这是为什么吗？

盐和棉花虽然都是固体物质。但是，有的固体物质会溶解在水中，像盐、糖、味精等，有的固体物质不会溶解在水中，像棉花、石头、玻璃、橡皮等。小毛驴第一次背的是盐，盐遇到水就会溶解，盐溶解到水里，就会随着水流失，使盐袋中的盐减少了，小毛驴背上的重量也就减轻了。第二次小毛驴背的是棉花，棉花不仅不会溶解在水中，而且会吸收水分，使它的重量更重了。

棉花浸水后会变沉

小毛驴听妈妈教诲

驴妈妈把这个道理讲给小毛驴听，这时小毛驴才明白过来。驴妈妈还对小毛驴说："今后遇到事情要多动脑筋，多想一想，这样你才会长大。"小毛驴点点头。

揭开真假王冠之谜

现在的意大利西西里岛锡拉库萨，在 2 000 多年前，曾经是古希腊的一个重

金冠之谜

要城市叙拉古，后来它发展成为一个城邦国家。它的势力范围曾经到达意大利的南部。在公元前3世纪，建立起叙拉古帝国。叙古拉帝国的国王亥尼洛为了炫耀自己的权贵，想打一顶纯金的王冠。一天，他叫人找来一名金匠，命他给自己打一顶纯金的金冠。

过了不久，金匠拿了一顶非常精美的王冠，大臣们看了这顶王冠，纷纷赞叹不绝。国王看了也十分高兴，连声称赞金匠的手艺绝妙。

可是，过了不久，大臣们就在私下议论起这顶王冠来。有的人说，这王冠不像是纯金的。也有的人说，金匠常常会骗人，用银子做芯，外面再包一层黄金，以此来欺骗顾客。大臣们的议论传到了国王亥尼洛的耳朵里，他也生疑起来了。但是，他用秤称了一下，王冠的重量一点没少，与给金匠的黄金一样重。怎么知道里面是否掺了白银呢？这样精致的王冠要将它扳开来看看，国王亥尼洛还真有点舍不得。亥尼洛听大臣们说，叙拉古有一位有名的学者叫阿基米德，他的知识非常渊博，或许他可以弄清这顶王冠有没有掺假。

国王派人请来阿基米德，要他弄清王冠中有没有掺假。

阿基米德虽然精通数学和物理，还有不少的发明创造，但是要在不破坏王冠的情况下，查出王冠有没有掺假，这个问题他还是第一次碰到，一时不知从哪里着手才好。他是白天黑夜甚至做梦也在想这个问题。

一天，他想洗个澡，一边想着王冠的事，一边在放洗澡水，结果将水放得太满了。他一跨进澡盆，水就往外流。当他躺在澡盆里时，感到自己的身体变轻了，好像身子下面有一股托力。他望着流出澡盆外的水，忽然想起了一个问题。澡盆中的水怎么会流到外面？在一般人眼里，这是一个司空见惯的现象。但是，这在阿基米德眼中却变成了一个有十分研究价值的问题了。水从澡盆中流出，是因为身子沉入澡盆里，身子沉下越多，澡盆中流出的水就越多，身体感到的

浮力也就越大。他一会儿浮起来，一会沉下去，一遍一遍地试验，终于明白了其中的道理。

于是，他想出了揭开王冠之谜的办法。他把王冠和与王冠一样重的金块分别放在装满水的水缸里，如果王冠是纯金做的，那么，从两个水缸中流出的水是一样多。如果从盛王冠的水缸中流出的水比盛黄金的水缸中多，那么可以肯定在王冠中掺入了其他金属。因为其他金属比黄金的比重轻，王冠的体积就要增加，使水缸中的水流出得更多。

在科学面前，金匠只得承认自己做了假。阿基米德的试验不仅揭穿了金匠做假的把戏，更重要的是为人类发现了一条科学真理——阿基米德浮力定律。

阿基米德在洗澡时，揭开了金冠之谜

曹冲称大象的故事

1800年以前，东汉末年，有一个小孩叫曹冲（名仓舒），他是东汉丞相曹操的小儿子。

当时的曹操是东汉的权贵，连汉献帝对他也是言听计从，各地的官员都十分惧怕他。东吴的孙权为了讨好他，派人给曹操送来了一只大象。大象是生活在南方热带地区的动物。当时，东汉的都城在洛阳，洛阳地处中原，居住在中原的人从来没有见到过这么大的动物，因此引来了不少人观看。一天，曹操兴致勃勃地带领朝中的文武百官前去观看，面对这样一个庞然大物，的确感到十分惊奇。大象的四条腿粗得像柱子，长长的鼻子不断地在人面前摆来摆去，十分逗人。

曹操心里想，这么大的动物一定很重吧！他身旁的一些大臣也在纷纷议论，有的说这大象有 2 000 斤，也有的说它不止 2 000 斤，至少有 3 000 斤。要知道这只大象究竟有多重，最好用秤来称一下。但是，到哪里找那么大的秤啊！真有那么大的秤，也没有人能把它提起来啊！只有另想办法。为此，曹操想了几天也没有想出办法来。

曹操把他的谋士都找来一起商量，又去请教一些博学的老人，结果都未能想出满意的办法来。

后来，这件事传到了他小儿子的耳朵里，曹冲跑到他面前，笑嘻嘻地说："我有办法。您要不要听？"曹操知道他的小儿子十分聪明，从小就有与一般人不同的见识，因此深得他的喜爱。曹操心想不妨听听看。于是，他就对小儿子说："你说说看，你有什么办法？"

曹冲说："去找一条船来，将大象牵到船上去，看船下沉多少，然后在船边齐水面的地方用刀划一下，做一个记号。然后，将大象从船上牵回到岸上。再在船上装上石头，船又会下沉，当石头装到水面正好与刚才用刀划出的位置相齐时，就停止装石头。这些石头就是大象的重量。只要用秤分次称出这些石头的重量，就可以知道大象的重量了。"

邮票上的曹冲称象故事

曹操听了恍然大悟，他高兴地摸着儿子的头说："对，对，这真是一个简单的好办法！"

曹操吩咐手下的人照着曹冲的办法去称大象。

曹冲称大象的办法用的就是浮力定律，也叫"阿基米德定律"。阿基米德是一个古希腊人，他生活在 2 000 多年前。他发现物体在液体中减轻的重量（浮力），等于排去液体的重量。两个排开的水的体积相同的物体，它们的重量也一定相等。曹冲称象正是应用了这一原理。尽管，阿基米德定律早在曹冲之前 500 年就已经有了，但是传到我们中国是曹冲死后 1 400 年以后的事情了。

曹冲真是不简单，那么小的孩子就能想出那么好的办法。

铁牛搬家

古时候，在山西永济县（当时称"河中府"）的黄河上，有一座用许多小船连接起来的浮桥，为了防止浮桥被汹涌澎湃的黄河水冲走，用两根粗大的铁链将小船串联在一起，铁链的两头固定在两边河岸上的四只大铁牛上。有了这座浮桥，使河岸两边的人方便了不少，人来车往可以不再用船来摆渡了。

后来，黄河发大水，将牵连浮桥的铁链给绷断了，不仅将浮桥冲垮了，而且将岸上四只几万斤重的铁牛也牵进了水里。

捞铁牛

洪水过后，官府想修复这座浮桥，遇到最大的困难就是怎样才能将几万斤重的铁牛从河中打捞上来。当时又没有起重机，一时谁也想不出打捞的办法。

但是，这座浮桥又不能不修，因为这座桥

铁牛搬家

连接着山西、河南和陕西三省，没有了这座桥，两岸的来往就十分不方便。

于是，官府写了一张告示，招请能把铁牛打捞上来的能人。

几天之后，有一个名叫"怀丙"的和尚来揭榜，说他已想出了一个妙法，可以将铁牛打捞上岸。

他对官府说："先找几个水性好的人下到水中，弄清铁牛在水下的位置。然后，用两艘大船，装满黄沙，把它们行驶到铁牛沉没的地点，并排地停在那里。在两船之间架起一根很大的木头，再在木头上悬一根铁索。"在这一切定当之后，他叫几个水性好的人下到水里，把铁索的另一端拴在铁牛身上，并抽紧铁索。然后，叫人把船上的黄沙一铲一铲地往河中扔，由于船的载重减轻，两艘大船也开始一点一点往上升。待船上的黄沙全部扔入河中，埋在河中淤泥里的铁牛也被拔了出来。怀丙和尚叫人把船划向正在修浮桥的岸边，水中的铁牛也随着船的划行来到岸边。这时可用人力将铁牛拖上岸。

一道难题终于被用浮力在水中解决了，不久浮桥也修好了，人们又可以在桥上行走了。

是谁的过错

1912年秋天，在航运界发生了一件十分意外的事故。一艘当时世界上最大的远洋货轮"奥林匹克"号被一艘比它小得多的铁甲巡洋舰"豪克"号在船舷上撞出一个大洞。"奥林匹克"号是大名鼎鼎的"泰坦尼克"号的姐妹船。

海洋上发生两船相撞是常有的事。但是，这次的两船相撞事故有些奇怪。当时，"奥林匹克"号远洋货轮与"豪克"号铁甲巡洋舰相距100米，两船在海洋上平行向前疾驶。可是，过了不久，一件意想不到的事情发生了。"豪克"号铁甲巡洋舰好像受到了一种不可见的巨大力量的作用，竟扭转船头笔直地朝着"奥林匹克"号远洋货轮冲了过去。尽管，"豪克"号铁甲巡洋舰上的舵手百般操舵，企图改

"奥林匹克"号远洋货轮

变船的航向，但都无济于事，船还是几乎笔直地冲向了"奥林匹克"号远洋货轮。一场横祸终于发生，"豪克"号铁甲巡洋舰撞在"奥林匹克"号远洋货轮的船舷上。这次猛烈的撞击，使"奥林匹克"号远洋货轮的船舷被撞出了一个大洞。

事后，海事法庭对这起事故进行了审理。法庭认为"奥林匹克"号远洋货轮的船长没有下令给"豪克"号铁甲巡洋舰让路，过错一方在"奥林匹克"号远洋货轮的船长。

法庭的判决虽然没有引起各方的争议，但引起了科学家的注意，他们认为，在这起事故中双方的船长都没有错。事故是另外的原因造成的。

早在1726年瑞士的物理学家丹尼尔·柏努利曾经发现过一个现象：如果水沿着一条有宽有窄的沟向前流动，在沟的较窄的部分水流就比较快，水流压向沟壁的力也比较小；反之，在沟的较宽的部分水流就比较慢，水流压向沟壁的力就比较大。

"奥林匹克"号远洋货轮与"豪克"号铁甲巡洋舰并排航行时，两船之间就好像形成了一条沟，造成两船的外侧海水对船舷的压力比两船间的海水对船舷的压力要大得多。于是，在两船外侧海水的压力推动下，使两船越来越靠近，最后发生了相撞事故。由于"奥林匹克"号远洋货轮比"豪克"号铁甲巡洋舰大，它向"豪克"号铁甲巡洋舰靠近不显著，所以"豪克"号铁甲巡洋舰向"奥林匹克"号远洋货轮撞去。

　　1720 年，柏努利出生于世居瑞士的著名数学世家——柏努利家族。他们家族从 17、18 两个世纪以来，三代人中出现了 8 位非常了不起的数学家和科学家。丹尼尔·柏努利是约翰·柏努利的第二个儿子。他父亲希望他成为一个商人，但他不愿意，宁愿去学医。1721 年，他获得了医药方面的学位。他是约翰·柏努利 3 个孩子中最出名的一个。丹尼尔·柏努利曾经 10 次赢得法国学术院的奖金（有少数几次是与其他竞争者合得）。1725 年，他继承了大哥在圣彼得堡的职位。后来回到贝塞尔，在贝塞尔大学担任解剖学和植物学教授。因他对科学发生了兴趣，改为物理学教授，成为接受牛顿宇宙观的第一个非英籍科学家。他去世于 1782 年。

趣谈冷和热

冷热通常是相对的，平时，对比我们体温低的物体，就会感到冷，相反对比我们体温高的物体，就会感到热。再比如深井中的水，常年温度基本是不变的，但是到了冬天，我们会觉得深井中的水很暖和，而到了夏季，我们会觉得深井中的水很凉。这是我们和气温（或体温）相比较所获得的冷热感觉。但是，从物理学角度来说，冷热是反映物体的温度，温度低的物体冷，温度高的物体热。温度越低就越冷，温度越高则越热。因此，比较客观地定量冷热程度是由温度决定的。在自然界中，有许多关于冷热的趣事。

最热和最冷

夏天，当气温超过 38℃时，人就会感到很难受。如果气温超过了 40℃，人真的会受不了。2003 年夏季，热浪侵袭欧洲，出现了百年罕见的持续高温天气。西班牙的气温达到 45℃，至少有 14 人死于酷暑。葡萄牙的气温超过了 1923 年 44℃的最高纪录，耐不住高温而丧命的人有 10 多个。法国全境出现罕见高温，波尔多地区达到 42℃，巴黎接近 40℃，据说法国死于酷暑的老人更多，达 200 多人。

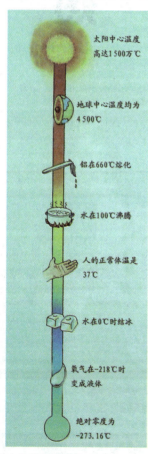

太阳中心温度
高达1 500万℃

地球中心温度均为
4 500℃

铝在660℃熔化

水在100℃沸腾

人的正常体温是
37℃

水在0℃时结冰

氧气在-218℃时
变成液体

绝对零度为
-273.16℃

冷和热坐标

但是，气温超过 40℃的天气还不算最热。在我国大西北的新疆吐鲁番盆地，那里的最高气温远远超过 40℃。《西游记》里，唐僧西天取经，路过吐鲁番的火焰山，火焰山的大火阻挡了他们师徒四人的去路，最后，孙悟空向铁扇公主借得宝扇将火焰山的大火煽灭，他们才得以通过火焰山。这个家喻户晓的故事，虽然是虚构的，但火焰山确实存在，其炎热程度也是千真万确的。火焰山在新疆吐鲁番盆地的中北部，海拔高度只有 500 米。在火焰山南麓，最高气温曾达到 48.9℃。地表温度可以达到 75℃，在它南部沙丘表面甚至达到 82.3℃。如果把鸡蛋埋在沙里，一会儿就熟了，这不是笑话，而是真实的。这里是我国气温最高的地方。世界上气温最高的地方要算非洲的索马里，那里的气温高达 63℃。但是，它与水的沸点 100℃相比，还差了一大截。

金属的熔化温度比水的沸点更高，铝的熔化温度在 660℃，铁的熔化温度高达 1 535℃。但是，与

沙漠中的高温

地球中心温度4 500℃无法相比。太阳表面的温度比地球中心的温度更高，达到6 000℃，它的中心温度则达到了1 500万℃。这是不是最热的了呢？天文学家认为，比太阳更大的恒星，在它爆炸前夕，其核心温度可以高达60亿℃。那么，60亿℃是不是我们宇宙中的"温度最大值"了呢？至今为止，还没有人能回答这个问题。这是一个科学之谜，有待人们去破解它。

再来说说最冷。最冷在哪里呢？冬天，水结成了冰，很冷吧！但这算不了什么？只不过是0℃。在我国北方，冬天冷到－20多℃是极平常的事。我国最北的地方——黑龙江的漠河，那里最低气温曾经到过－52.3℃，创全国最低气温之冠。俄罗斯东西伯利亚的维尔霍扬斯克和奥伊米亚康可以称得上地球上有人居住的最冷的地方了。维尔霍扬斯克的最低气温曾经达到过－68℃。奥伊米亚康的气温更低，达到过－78℃。在地球上，自然环境最冷的地方是南极洲，在那终年冰雪覆盖的大陆上，曾有过－94.5℃的低温纪录。然而，在地球以外的茫茫宇宙中，温度更低的地方还多着呢！月球上虽然没有传说中的广寒宫，可那里的寒冷却是实实在在的，它背向太阳一面的温度可低到－190℃。更有甚者，远离太阳的海王星、冥王星上的温度还要低，可以达到－240℃。

极地温度

－2℃海水结冰

－25℃钢结晶变得脆而易碎

－40℃裸露的肉体会很快冻僵

南极洲的温度低于－89℃

低温世界

南极的冰山

人们会问：还有更冷的地方吗？低温有没有尽头？

最初，人们以为冷与热一样，也是没有尽头的。后来，科学家发现冷是有极限的，它的最低温度为 -273.16℃，称它为"绝对零度"。人们为了能达到绝对零度已经奋斗了 100 多年。

1877 年 12 月 24 日，法国科学院同时宣读了一封信和一个电报，信是法国科学家凯勒德写来的，电报是毕克德从瑞士打来的，内容相同：宣告自己获得了 -183℃ 的低温。在这个温度中，氧气会变成美丽的淡蓝色液体。真是个了不起的成就！凯勒德和毕克德的捷报大大鼓舞了其他的科学家，他们争先恐后地向被打开了大门的低温世界冲去。

1895 年，科学家得到了 -192℃ 的低温，空气被液化了。1898 年，成功地制得了液态的氢，也就是说，达到了与冥王星上 -240℃ 一样的低温。1908 年，顽固的氦气也被降服，变成了液体，人们获得了 -268℃ 的低温。

进入 20 世纪之后，由于科学的高度发达，制冷技术又有了新的突破，人类进一步逼近了低温的极限——绝对零度（-273.16℃，用"0K"来表示）：1926 年，得到了 0.71K 的低温；1933 年，得到了 0.27K 的低温；1957 年，创造了 0.000 02K 的超低温纪录；后来，科学家又得到了 0.000 000 003K 的超低温。2003 年 9 月 12 日，《科学》杂志上发表了一个由德国、美国、奥地利等国科学家组成的国际科研小组的研究结果，他们在实验室内达到了 0.000 000 0005 K 的超低温，改写了人类创造的最低温度纪录。

实现绝对零度的低温就在眼前，虽然离我们仅仅一步之遥，但是，我们能不能跨越这一步之遥，这仍然是一个谜。

"双鹰 2 号"是一艘大型充氦气球。1978 年 8 月 18 日，美国探险家阿布鲁佐、安德森和纽曼三人乘坐它，自美国的缅因州普雷斯克岛升空，横渡大西洋，降落在距离法国巴黎西方约 97 千米处，在空中飞行了 137 小时 18 分，航程 5 150 千米。这是自 1783 年美国人唐森首次尝试乘气球飞越大西洋以来，第一次如愿以偿，成功地飞越了大西洋。

"双鹰2号"上半部是银白色，下半部是黑色，远远望去，就像穿上了"白衣黑裙"。"双鹰2号"为什么不像飞机那样都涂成银白色呢？这其中还有不少的科学道理呢？

白天烈日当空，灼热的太阳光照射在气球上，气球吸热后，体积变大。由于大气的浮力，使气球不断上升。为了防止气球升得过高而发生危险，让气球的上半身"穿"上银白色的"上衣"。银白色的"上衣"能将太阳的大部分热反射出去，降低气球的温度，使气球不至于膨胀太大，升得太高。到了夜晚，没有了太阳的照射，气温下降，气球收缩，体积变小，就会急剧下降。为了防止气球不落到海里，利用夜晚海水的温度比气温高的特点，让气球的下半身"穿"

"双鹰2号"的"白衣黑裙"

上黑色的"裙子"。黑色的"裙子"能够大量地从海面吸收热量，避免气球的温度下降太多。别小看这身不被人们注意的"白衣黑裙"，它对于保证气球的正常飞行，有非常重要的作用。

美国探险家阿布鲁佐

黑色和白色，深色和浅色，在我们的生活中可以点缀得绚丽多彩，但在科学上有时会起到我们意想不到的重要作用。

除了上面讲到的"双鹰2号"气球的"白衣黑裙"外，对飞到太空的宇宙飞船，更要考虑在飞行的时候，向阳那面的温度会高到100多℃，背阴那面的温度却要低到-200多℃，高低相差300多℃。那么，怎样调节这悬殊的温差呢？

是否也可以像"双鹰2号"那样，把飞船的向阳一面涂成白色，背阴一面涂成黑色呢？不行。因为飞船和气球不一样，它的向阳面和背阴面要时常变换。而且在 –200 多℃的低温下，没有可吸收的热量，这时黑色反而会起到向外散热的作用。

科学家就想出把飞船外表涂成蓝色或银白色的办法。当飞船迎着阳光的时候，蓝色或白色会将灼热的太阳光反射出去，可以防止飞船的温度剧烈升高；当飞船背向太阳的时候，蓝色或白色又可以起到减少向外散热的作用，使飞船的温度不至于下降得很低。在飞船的内表面，则涂上一层黑色，就像一层黑色的衣里。由于它的吸热和散热的本领都比较大，可以使飞船内部温度高的一面的热量大量释放出来，同时使飞船内部温度低的一面大量吸收热量。这样就能使舱内的温度保持均衡。

赴汤蹈火

有句成语叫作："赴汤蹈火"，形容不避艰险、奋勇向前。那么，人真的能"赴汤蹈火"吗？

事实上在火上走路并非不可能。在太平洋的岛国斐济，有一个小岛，岛上有专门表演"赴汤蹈火"的法师，他们能在火上行走自如。

在表演时，他们先在一个直径 4.5 ~ 7.5 米、深 1.2 ~ 1.5 米的坑中堆满了木材和石头，然后引燃坑中的木材，木材燃烧，将石头烤热。待坑中的木材烧完后，坑中只留下了烧热的石头，这石头的温度足以引燃木材。坑中的温度也能使观看者在 10 米以外止步，不然就热不可挡。这时表演"赴汤蹈火"的法师会往坑中撒一把枯叶残枝，枯叶残枝立即着火燃烧，以示坑中的高温。法师在众目睽睽下，从容自如地在坑中的石头上行走，表演起"赴汤蹈火"来。

这种"赴汤蹈火"的表演，不仅在斐济有，在世界上许多国家都能看到，如希腊北部兰加达村、斯里兰卡首都科伦坡北部的渔村、印度的有些农村等。那么，这会不会是一种魔术，并非真的在火上行走呢？如果是真的，在表演者的脚上会不会有特殊的保护层呢？都不是。

到底是何原因使他们能平安无事地在烈火上行走、跳舞呢？

这可以用物理学上的一个"莱顿弗罗斯特现象"来解释。1756年，有一个叫莱顿弗罗斯特的德国物理学家发现，在水滴接触高温表面时，并不像一般人认为的立即汽化。他发现，当小水滴落到刚从炉中

表演"赴汤蹈火"

取出的一把烧得通红的铁勺上时，第一滴水滴可以持续很长一段时间，大约30秒钟才完全汽化，第二滴水滴只存在10秒钟左右，以后落下去的水滴只保留了一二秒钟。当时，莱顿弗罗斯特对这一现象没能做出正确的解释。过了200年，科学家才揭开了它的谜底。当水滴接触灼热的铁勺后，它的底部马上汽化并形成一层厚约0.1毫米的水蒸气层，水滴由于受到自身的蒸汽层的支持，悬浮在灼热铁勺的表面，这样水滴与灼热的铁勺被分隔开来。由于水蒸气的导热性很差，悬浮后的水滴暂时吸收不到热量，就减慢了水滴汽化的速度。这个现象被人们称为"莱顿弗罗斯特现象"。

在表演"赴汤蹈火"中，正是表演者脚上的汗水在与温度高达几百度的石头接触时，汗水的迅速汽化，起到了瞬间的保护脚底的作用，使表演者的脚底不被烧伤。

是谁开的"玩笑"

19世纪的一个冬天，俄国彼得堡的天气异常寒冷，天空飘着鹅毛大雪，寒风呼啦呼啦地刮着。彼得堡军用仓库管理员向军队发放崭新的军大衣，官兵们接到这批军大衣，闻着新棉散发出来的气味，心里一阵高兴，但他们马上发现所有的军大衣都没有纽扣，因此再也高兴不起来了。他们非常气愤，于是上告到沙皇那里。沙皇听了勃然大怒，下令要严惩监制军大衣的大臣。大臣哀求沙皇宽限他几天，以便进行调查。

飘着鹅毛大雪的圣彼得堡

大臣到仓库一看，仓库里的军大衣都没有钮扣。管理员告诉他，军大衣入库时是有钮扣的。为什么军大衣放在仓库里钮扣会全部丢失了呢？大臣心里非常惊奇。他又仔细观察了一会儿，发现钉钮扣的线还留在军大衣上，没有被割断过的痕迹，只是在每一个钉钮扣的地方有一小堆灰色粉末。管理员告诉他，军大衣上原来钉的是一种锡钮扣。

"为什么锡做的钮扣会在仓库里消失得无影无踪，只留下一堆灰色的粉末了呢？"大臣百思不得其解，他找到了彼得堡科学院，请那里的科学家给他一个解释。开始，科学家也为这个问题伤透了脑筋，后来，经过研究，有一位科学家终于揭开了这个谜底。他对大臣说，这是寒冷的冬天给人们开的"玩笑"。大臣听了也有点半信半疑，要这位科学家与他一起去拜见沙皇，说明军大衣上的钮扣失踪是冬天天冷造成的。沙皇听了也不相信，非要这位科学家拿出证据。科学家向沙皇要了一把锡做的酒壶，将它放到花园里的一个石头桌子上。几天后，这位科学家和大臣陪同沙皇一起到花园里去看这把锡制酒壶。刚一看，锡制酒壶仍旧好好地放在那里，沙皇、大臣不约而同地怒视着这位科学家。科学家却胸有成竹地走到锡制酒壶跟前，轻轻地用手指一捅，锡制酒壶就像沙堆似的塌了下来，变成一堆粉末。这位科学家向沙皇解释说，因为今年冬天天气特别冷，所以军大衣上

寒冬中的圣彼得堡

的锡钮扣和锡制酒壶一样被冻成了粉末。钮扣失踪之谜终于被揭开了。

那么，寒冷怎么会把锡钮扣"冻"成粉末的呢?

原来，锡在熔点以下、18℃以上时，为白色，叫白锡，当温度低于18℃时，变成灰色，叫灰锡。灰锡很不稳定，会呈粉末状。开始这种转变很慢，人们不易觉察，但随着温度的降低，这种转变逐渐变快，到温度下降到–30℃时，这种转变速度最快，最后就成了灰色的粉末。

夏天里贝都因人为什么要穿黑袍

"冬不穿白，夏不穿黑。"这是人们从生活实践中总结出来的经验。但是，生活在北非和阿拉伯半岛沙漠中的游牧民族贝都因人，即使在十分炎热的夏天，他们仍然会穿一件悬垂袖的黑色长袍。你知道这是为什么吗?

在白天，我们能看到红色的花，绿色的草，蓝色的天空，白色的云朵……五光十色的自然景色，美丽动人。可是，到了漆黑的夜里，这些艳丽的颜色就统统消失了。这说明只有在阳光（白色光）的照射下，物体才会呈现出颜色来。那么，为什么在光照下，各种物体会有不同的颜色呢?

我们知道，太阳光是由红、橙、黄、绿、蓝、青、紫七种色光混合而成的。如果太阳光被物体吸收了，我们就什么也看不见了，这个物体就是黑色。如果物体只吸收一部分太阳光，而另一部分太阳光被物体反射出来了，我们就能看到这个物体的颜色。如我们看到红花，是因为红花将太阳光中的红色光反射出来，而将太阳光中的其他橙、黄、绿、蓝、青、紫色光吸

穿长袍的贝都因人

贝都因人的生活

收掉了。白色的物体是将太阳光全部反射出来了，因此看起来物体就成了白色。所以，按照一般的常理，白色能将灼热的阳光反射出去，可以降低衣服的表面温度，而黑色会吸收灼热的阳光，提高衣服的表面温度。夏天天气炎热，穿白色的衣服会比穿黑色的衣服凉爽一些。在冬天气温比较低，黑色衣服能大量吸收阳光中的热量，人自然就会感到暖和。但是，在现实生活中常常也有不符合常规的事情。生活在炎热沙漠中的贝都因人，世世代代都穿着黑色的长袍度过夏天。那么，这是否也有一定的科学道理呢？

贝都因人在夏天穿黑袍的事，引起了科学工作者的兴趣。他们在阳光下对贝都因人的黑袍进行了测试，因为表面黑色的东西更容易吸收太阳光的辐射，所以黑色长袍的表面温度（47℃）比白色长袍的表面温度（41℃）会高一些。当时，地面附近的气温只有38℃，比袍子里面气温要低一些。这就是说，无论是黑袍还是白袍，袍子里面的气温都要比地面附近的气温高，袍子里面和袍子外面产生了温差。

贝都因人穿的长袍与众不同，是一种长而宽松又不系腰带的长袍。由于袍子内外的温差，造成袍子内外空气对流。袍子里的热空气上升，周围的冷空气就会补充进来，在袍子里面形成空气由下而上的流动。贝都因人的袍子宽松肥大又不系腰带，所以不会阻碍袍子内外的空气对流。

由于黑袍子吸热要比白袍子强，黑袍子里面的气温也会比白袍子高，黑袍子里面与周围空气的温差也比白袍子大，当然产生的空气对流就会比白袍子强。由对流产生的气流不仅会把长袍表面传来的热量带走，并且会使人出的汗蒸发加速。水分的蒸发能带走大量的热量，袍子里的温度就会迅速下降，人就会感到凉爽。所以穿黑袍子的人比穿白袍子的人更觉得舒服，贝都因人也许早就知道了这个道理。

人能耐受多高的温度

俗话说："南方人怕冷，北方人怕热"，也就是说，生活在不同地方的人对冷热的适应程度是不一样的。生活在炎热地方的人的耐热程度要比生活在寒冷地方的人高。但是，一般人在气温达到40℃以上就很难受了。在自然环境中，更有许多地方的气温超过40℃。我国吐鲁番盆地的气温最高达到过48.9℃。澳洲中部夏天的气温常常高达46℃，最高甚至达到过55℃。非洲的索马里是世界上最热的地方，那里的气温高达63℃。在非洲的撒哈拉，沙漠中的温度更高，鸡蛋放进去也会被烤熟，不过这是沙温而不是气温。在这样高温的自然环境中，依然有人在那里生活。那么，这是否是人体耐高温的极限了呢？人是否还可以耐更高的温度，如超过100℃。

经过科学家的研究，人的耐热能力远比一般人想象的强得多。英国物理学家布拉格顿和钦特里为了弄清这个问题，钻进烤面包的炉子里。在炉子外的人不断给炉子加温，直到炉内的干燥空气温度上升至160℃才停止。两位英国物理学家在炉子里待了几个小时，非但没有像面包一样被烤熟，出来时还是好好的。

经过这个实验，两位英国物理学家得出这样一个结论："在干燥的空气里，把人体周围的温度慢慢地增高，人不但能耐受住沸水的温度（100℃），还能耐受住更高的温度（一直高到160℃）。"英国的哲学家丁达尔也曾经指出过："人如果停留在空气的温度热到可以烧熟鸡蛋和牛排的房间里，还是可以无事的。"

烤面包

烤面包的烤炉

那么，为什么同样的温度鸡蛋和牛排会被煮熟，人却安然无样呢！其原因是，鸡蛋和牛排不会像人那样用出汗降温来保护自己不被高温烤熟。

在正常情况下，人体的温度总是保持在 37℃左右。一旦人遇到周围环境的温度比体温高，人就会出汗使体温仍保持在 37℃左右。这是因为人体大量出汗后，汗水就会在人体表面蒸发，汗水蒸发的时候，需要吸收大量的热量。这热量来自于紧贴人体表面的那层空气。这层空气里的热量被汗水蒸发时带走了，气温就会大大降低，好像在人体周围形成了一层很薄的较冷的空气层。这样就不会将空气中的热量传给人体，使人感到很凉快，人的体温也能维持在 37℃左右，不致被高温烤熟。

但是，这里要有一个先决条件，人体不能直接接触热源，空气必须干燥。如果在潮湿的空气中情况就会不一样。人体虽然在潮湿的高温环境中仍然会出汗，但是，汗水不能很快地被蒸发掉，就起不到出汗降温的作用，这样空气中的大量热就会传入人体，人体的温度就会很快地升高，导致人体死亡。许多人都有这样的经验，盛夏温度高达 30℃以上，比黄梅天温度只有 20 多℃反而更觉爽快。原因在于黄梅天湿度高，而盛夏天的湿度相对比较低。

烫手的冰

看了文章的题目，你一定不会相信。冰的温度只有 0℃，够冷的了，怎么会烫手呢？莫非真得有能烫手的热冰？不管你相信不相信，这种奇怪的冰确实是有的。它的名字就叫"热冰"。

普通的冰是水在0℃时变成的，一旦冰遇到0℃以上的温度就会融化成水。但热冰就不一样了，它不但是热的，而且不怕热，遇到0℃以上的温度不会融化，即使在76℃的高温下（有的甚至可以高达200℃），它仍然保持着固体状态。76℃的温度也够热的了。如果我们把手伸进76℃的水中，也会感到很烫手。那么，这种热冰是怎样制造出来的呢？

邮票上的布里奇曼

发明这种热冰的人是一位叫布里奇曼的美国物理学家。布里奇曼1882年4月21日生于美国马萨诸塞州的坎伯利基，父亲是一名报社记者。他是独生子，从小受过良好的教育，养成了对问题追根究底的性格。1900年进入美国哈佛大学，1904年以优异成绩毕业。布里奇曼是现代高压物理学的创始人。他一生为高压物理学做了许多开创性的工作，许多是前人连想都不敢想的成果，特别是实验技术方面。布里奇曼因此获得了1946年的诺贝尔物理奖。

1909年，布里奇曼成功产生了2万大气压的高压；1937年，他又获得了5万大气压的高压；1941年他获得10万大气压的高压，后来他又获得了更高的高压，达到42.5万大气压。

布里奇曼在研究超高压下各种物质的物理性质时发现了这种热冰。他在一只钢制的高压容器里，用极强的压力机产生极大的压力（20 600大气压），将普通的水制成一种冰，他把它叫做"第五种冰"。这种冰在76℃的温度里还能保持固体状态。布里奇曼惊奇地发现，在高压下制得的冰至少有6种变态，热冰只是其中的一种，融点高达76℃，其他还有融点高达200℃的。当然，热冰只能在特殊的高压容器中才能制造出来，我们的手无法直接触摸到它，我们只能用间接的方法知道这种"热冰"的性质，要不然它真得会把我们的手烫坏！

说来有趣，"热冰"的密度比普通冰高，甚至超过水，它在水里会下沉，不会像普通冰那样浮在水面上。

在超低温的世界里

寒冷到底有没有尽头呢？科学家们从理论上推算这个尽头为 –273.16℃，称之为"绝对零度"。人们通常把零下一二百摄氏度以下的低温，叫做超低温。

超低温世界真像是一个谜一样的世界。空气在 –190℃时会变成浅蓝色液体，如果把鸡蛋放进去，会产生浅蓝色的荧光，摔在地上会像皮球一样反弹起来；鲜艳的花朵放进去，会变成像玻璃一样闪亮，轻轻敲一下，还会发出"叮当"的响声，敲重了就会被打碎；从鱼缸里捞出一条金鱼，头朝下放进去，再把金鱼从里面取出来，就变成硬邦邦、晶莹剔透，仿佛水晶玻璃制成的"工艺品"，再将"玻璃金鱼"放回鱼缸的水中，金鱼竟然复活了，又摆动着轻纱般的尾巴，游了起来……

在超低温世界里，物质会发生巨大的变化，出现了与平时不一样的许多神奇现象。低温就像一位神奇的魔术师，温度越低则魔法越神奇。

低温魔术师能使生命冷藏起来。1967 年 1 月 19 日，美国物理学家詹姆斯·贝德福发现自己身患癌症，他请医生为自己做了"速冻冷藏"手术，将自己的生命冷藏起来。当人体"速冻"到超低温时，细胞中的水分来不及膨胀，细胞也就不会受到破坏。在超低温时，细胞停止了一切活动，不再进行新陈代谢。一旦温度上升，人体细胞又可恢复活动，生命也就得到复活。用此方法，人们找到了一条延长人类生命的新途径！医生将贝德福的体温迅速降至 –196℃超低温，然后将他装进一个合

苹果像玻璃一样脆！

超低温实验

金钢的器具中，放进一座"冰墓"中。冰墓中的温度始终保持在 −200℃。贝德福期望在若干年后，癌症变得完全可以治愈时再复苏过来。

在医学中，医生用一种里边流着液态空气的"冷刀"做手术，"冷刀"不仅能起到麻醉、止血作用，还可以大大减轻病人的痛苦。

金属在低温时会发脆，也就是金属的"冷脆现象"，危害性很大。苏联的一支南

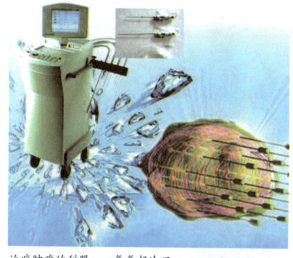

治疗肿瘤的利器——氢氦超冷刀

极探险队，就是因为焊接装汽油的铁箱的锡遇低温变成粉末，汽油全部被漏光，结果造成探险队员全部遇难的事故。但是，这种金属的冷脆现象也可以为人类服务。对于特别坚硬的材料，就可以用冷脆技术进行粉碎。战场上排雷，也可以用低温的液态空气使地雷失去作用。

苏联著名科学家卡皮察

在环境保护中，人们可以用低温技术来清除水面上的油污。在漂浮海上的油污层下喷洒液氮，水面上油污迅速凝结成颗粒，再将这些颗粒除去，对水中生物不会产生任何影响，可以很好地保护海洋环境。

低温魔术师的一项本领是液体流动起来再也不会有阻力。1936 年，前苏联科学院的卡皮察院士发现，在温度降到 −270.8℃以下时，氦就会有一种古怪脾气。他称其为"超流现象"。

氦是一种气体。最早是法国天文学家詹逊在 1868 年观察日全蚀时，在太阳光谱中发现的。同时，也被英国天

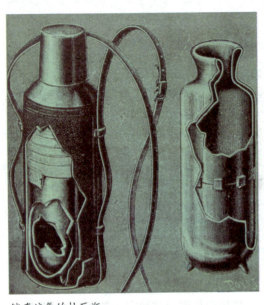

储存液氦的杜瓦瓶

文学家洛克耶尔观测到，并将它取名为"氦"。1908年，荷兰物理学家昂内斯成功地在 –268.8℃ 将氦气液化成液态氦。

液态氦在 –270.8℃ 以下时，很容易流动，在流动过程中，它自身不会产生阻力。

杜瓦瓶是英国化学家杜瓦发明的一种保温瓶，它有内外两层，中间被抽成真空，类似于我们今天常用的真空保温瓶。如果将液态氦装在一个小的杜瓦瓶里，再在外面套一个大的杜瓦瓶。然后放在低温设备中，当温度降低到 –270.8℃ 以下时，小杜瓦瓶里的液态氦就会沿着瓶壁爬到大杜瓦瓶中去，直到两个瓶中的液态氦的液面一样高为止，一点不需要外界提供动力。

这种液态氦的流动性还可达到无孔不入的地步，十分惊人。如果把它装在一个管子里，管子的一头全部封闭，另一头用研磨得非常细的金刚砂将它堵住，形成一个充满许多微孔的管口。然后，用光照射管子，管子里面的液态氦就会立刻从管口的微孔中喷射出来，好像是从莲蓬头中喷出的水一样。

一旦，液态氦的温度上升至 –270.8℃ 以上，它的这种超流动性就会立即消失，又回复到正常液体。人们为了把 –270.8℃ 以上的液态氦与 –270.8℃ 以下的液态氦区分开来，把前者称为"氦Ⅰ"，后者称为"氦Ⅱ"。

卡皮察的这一发现为他赢得了1978年的诺贝尔物理学奖。最近几十年里，科学家对液态氦的超流动性研究有了许多新的突破，并屡屡获得诺贝尔物理奖。

氦有两种同位素，一种是由2个质子和2个中子组成的氦4，另一种是由2个质子和1个中子组成的氦3。卡皮察观察到的液态氦超流现象是发生在氦4上。到了20世纪70年代末，美国康奈尔大学一个低温研究小组的戴维·李、奥谢罗夫和里查森发现氦3在绝对零度附近也会发生超流现象。但它与氦4有许多不相同的特性。这3位物理学家因此获得了1996年诺贝尔物理奖。

荷兰著名物理学家昂内斯

2003年，美、英、俄三国的三位科学家阿列克谢·阿布里科索夫、维塔利·金茨堡和安东尼·莱格特，也因在超流体理论上做出的开创性贡献而获得了诺贝尔物理奖。

尽管超流体原理的应用尚在研究之中，不过从超流体研究相继获得诺贝尔奖来看，可见它在基础科学研究中的重要性。

低温魔术师的另一项本领就是使金属在超低温下失去电阻。1911年，在一个寒意尚未消尽的早春夜晚，荷兰莱顿大学的物理实验室灯火依然通明，昂内斯正在紧张地忙碌着。1879年，昂内斯从格罗宁根大学获得博士学位后，来到了位于荷兰海牙附近的莱顿市的莱顿大学。1882年，29岁的昂内斯在荷兰莱顿大学担任物理学教授和主持大学的物理实验室。莱顿大学是荷兰第一所大学，创建于1575年，自建校以来，人才辈出。昂内斯主持的莱顿大学物理实验室，也是成绩斐然，成为世界低温实验中心。三年前，他成功地获得了 –268℃ 的低温，使氦气变成液体，离绝对零度也就只差几摄氏度了。这时，一个长久埋藏在他心中的疑问重新涌现在他的脑海中。在低温下的金属电阻会怎样呢？他一直希望能使汞达到绝对零度，来证实自己的想法，为此他已奋斗了多时。几个星期以来，使汞的温度冷却到接近绝对零度（即 0K，0K = –273.16℃）的实验一直没有成功。这时他的一个学生霍尔斯

超导现象

特提醒他，用液态氦来冷却汞，使汞的温度接近绝对零度。果然，这一办法十分成功，汞的温度降下来了。他可以做汞在低温下的电阻实验了。当他将电流通过汞时，汞的电阻会随温度变化。但是，当温度降到 4.2K 时，一个奇异的现象出现了：汞的电阻突然消失了。昂内斯的神经立即绷紧了，他简直不相信自己的眼睛，他让助手重新做了一遍测试，结果还是出现了电阻消失的现象。这天晚上，人类的一项伟大发现诞生了，这一伟大发现导致了一门新兴学科——超导物理学的崛起。

不久，昂内斯又发现了其他几种金属也可进入"超导态"，如锡和铅。锡的转变温度为 3.8K，铅的转变温度为 6K。昂内斯也由此获得了 1913 年的诺贝尔物理奖。

昂内斯是荷兰著名的物理学家。1853 年 9 月 21 日，他生于荷兰的格罗宁根。格罗宁根是荷兰最北部的一个省，历史十分悠久。省会建于格罗宁根市，市内的格罗宁根大学建于 1614 年，是欧洲最大的大学之一，也是荷兰著名的国立大学之一，昂内斯曾就读于此。

由哪一天最冷引发的争论

荷兰首都阿姆斯特丹

有一年的冬天，荷兰的阿姆斯特丹市出现了前所未有的寒冷，几乎每幢房子的屋顶上都积满了皑皑白雪。

一天，华伦海特家中来了两位老人，一进屋就为今年的冬天是不是最冷争吵起来。一位老人说："记不得有过这样寒冷的冬天。"另一位老人则不服气地说：

　"那也不能说今年的冬天最冷。或许几百年前的冬天要比今年的冬天更冷，就像我们不在人世以后，没有经历过今年冬天寒冷的人，有谁会知道今年冬天寒冷的情况呢？"此时，年仅23岁的华伦海特加入到他们的争论中来。他对两位老人说："我有办法，即使在许多年之后，我们的子孙们也可以说出今年的冬天冷到了什么程度。"

　两位老人都笑了起来，异口同声地说："你有什么好办法？"

科学家在制作温度计

　华伦海特是一位德国物理学家。1686年5月24日生于格但斯克的一个商人家中。他非常喜欢自然科学，对经商没有兴趣。青年时代在移居荷兰阿姆斯特丹的途中，他结识了许多著名的数学家和物理学家，在1706年完成学业后，他就献身于物理学的研究工作，开始从事各种物理仪器的制造。他对制作温度计特别有兴趣。1708年，他到丹麦首都哥本哈根旅行，看到了丹麦天文家罗默制作的温度计。回到荷兰后，他就开始制作罗默温度计。在了解到法国物理学家阿蒙通用水银制造的温度计后，华伦海特也用水银代替酒精制作温度计。

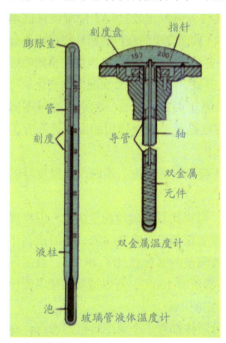

液体温度计和双金属温度计

　华伦海特带着两位老人向一所房子走去。在房里，他们见到了一只很大的熔铁炉，炉旁堆满了大大小小的管子及五花八门的玻璃仪器。

　华伦海特把两位老人领到桌前，桌上摆着一些玻璃器皿，在玻璃器皿上安

伽利略发明的测温器

装着一端封闭的、细细长长的玻璃管，管里装着带红色的酒精，玻璃管上还刻着刻度。华伦海特对两位老人介绍说："你们看，在这玻璃管上都刻有刻度。当我把玻璃管浸到热水里时，里面的红色酒精柱因受热膨胀会升高；当将玻璃管浸到冷水里去时，它里面的红色酒精柱又会因冷收缩而下降。玻璃管浸在冰、水、氯化铵的混合液体里时，红色酒精柱正好下降到刻有 0° 的地方。如果用手拿着玻璃管，里面的红色酒精柱就会上升到刻有 96° 的地方。今年冬天寒冷的程度，我就能用这根玻璃管中的红色酒精柱高低来表示出来，并将它记录下来，告诉后人。"

"不可思议"，其中一位老人耸了耸肩说，"怎么能拿玻璃管里的红色酒精柱的高低来与上天安排的寒冬相比较呢？"

"可以比较，可以比较！"华伦海特自信地回答他们说，"玻璃管中的红色酒精柱根据冷热会上下升降，将它放在室外，就可以根据它里面的红色酒精柱的上升或下降来判断外面温度的变化。"

两位老人终于明白了怎么一回事？这根不同寻常的玻璃管就是我们现在使用的温度计。有了温度计就可以帮助两位老人解决他们的争论了。

华伦海特送走了两位老人，继续他关于温度计的研究，不断改进温度计的结构。

1714 年，他制造成功两种酒精温度计，可以比较准确地测量温度。但发现酒精的沸点（物体从液体变成气体时的温度）很低，只有 78.3℃，用酒精制作的温度计不能测量较高的温度。因为一旦被测量的温度超过了 78.3℃，温度计里面的酒精就会沸腾，使温度计爆裂。水的沸点有 100℃，所以这种酒精温度计连开水的温度也不能测量，使用就会受到一定的限制。

后来，华伦海特在实验中发现，每一种液体都有一个属于自己的沸点，它们的沸点有高有低，各不相同，有的比酒精的沸点更低，也有的比酒精的沸点

更高。他发现水银的沸点高达357℃。华伦海特就尝试用水银代替酒精制作温度计。他先发明了净化水银的方法，使水银温度计真正可供实际使用。在温度计中采用了水银以后，由于水银的沸点远远高于水，使它的测温范围得到了很大的扩展。

华伦海特在他自制的温度计上标上他自定的刻度，与今天我们常用的温度计（摄氏）不同。他将盐加入水中使之结冰，作为0℃，又将人体温度作为96℃，这样正常人体的温度就是96℃。在温度计上标定出健康人的体温，使人们感到极大的兴趣。后来，他对温度计的刻度又作了调整，将水的沸点定为212℃，纯水的冰点定为32℃。调整后的人体正常体温为98.6℃。为了纪念这位德国物理学家，就将华伦海特制定的温度标准称为华氏温标，测量的温度就称为华氏温度，用℉表示。它与摄氏温度的换算是：$℉ = 9/5(n℃) + 32$。目前世界上只有英语国家仍在使用这种华氏温度，其他国家都采用了摄氏温度。

1724年，华伦海特当选为皇家学会会员。1736年，他死于荷兰海牙。

开尔文和 K

你见过这个"K"字吗？它除了是英文的一个字母外，还有什么意思？在物理学中，它同"℃"一样，也是表示温度高低的一种温标，称作"绝对温标"，也叫"开氏温标"，是为了纪念英国著名物理学家开尔文而命名的，并用他名字的第一个英文字母"K"作为温度单位。

开尔文原来不叫这个名字，他的原名是威廉·汤姆生。开尔文本是流经英国格拉斯哥大学校园内的一条小溪的名字。1892年，威廉·汤姆生因在科学上的突出贡献，被英国维多利亚女王封为勋爵，他就选定这条小溪的名字作为他的爵号。从

英国科学家开尔文

此，人们就称他为开尔文勋爵。

开尔文生于 1824 年 6 月 26 日，他的父亲是爱尔兰的贝尔法斯特的一位数学教授。他是一个小神童。11 岁就上格拉斯哥大学，学习数学，并发表了他的第一篇数学论文。16 岁进入剑桥大学，22 岁当上格拉斯哥大学的教授。

他非常喜爱热学、电学和电磁学，在他担任大学教职的同时，用自己的菲薄积蓄在一个废弃的酒窖里建起一个实验室，从事他喜欢的物理实验，取得了许多成果。

1848 年，开尔文根据法国物理学家查理发现的查理定律（即温度每降低 1℃，气体的体积就缩小 0℃时的体积的 1/273，也就是说，在 -273℃时，才是真正的 0 温度）以 -273℃为绝对零度，建立起"绝对温标"。

1890 年，开尔文当选为伦敦皇家学会会长。1907 年，他于伦敦去世，葬于伦敦著名的威斯敏斯特修道院内离牛顿墓地不远的地方。

℃的来历

瑞典乌普沙拉大学

电视中的天气预报节目，常常会出现这样一个符号：℃，读作"摄氏度"。你知道它的来历吗？℃是一种温度单位，是为了纪念瑞典科学家摄尔西乌斯对温度单位改革做出的贡献，用他的名字第一个拉丁字母 C 来命名的。

摄尔西乌斯 1701 年生于瑞典的乌普沙拉，是瑞典的一位著名天文学家。1730 年，他任瑞典乌普沙拉大学的天文学教授。乌普沙拉大学是瑞典的第一所大学，创建于 1477 年。他长期从事天文观测，在天文研究方面有很高的造诣。1733 年出版有关北极光的详细观测记录，并率先提出北极光与地球磁场有关的观点。1740 年，在乌普沙拉修建了一座国家天文台，他出任该天文台的第一任台长。

但是，摄尔西乌斯最著名和最重要的成就是在他去世前两年，即 1742 年，他成功地说服了科学工作者使用十进位温度计量，也就是现在人们广泛使用的摄氏温标。

他为了研究雪的融化点和水的沸点与大气压力之间的关系，进行了大量的实验。这些实验需要进行温度测量，为了便于测量，他将温度计上雪的融化点和水的沸点之间分成 100 个等分，用 100 度表示冰的融化点，0 度表示水的沸点。后来，他的学生斯特劳莫尔将这个顺序颠倒过来，将 0 度作为冰的融化点，100 度作为水的沸点，就成了我们现在使用的温度计的形式。

1742 年，摄尔西乌斯在一篇论文《对一个寒暑表上两个固定点的观察》中描述了他对温度计刻度的改进，并在瑞典科学院的全体成员中做了一次口头报告，得到了大家的认同。

1744 年，摄尔西乌斯在乌普沙拉去世。

谦逊的焦耳

英国物理学家焦耳

一年夏天，焦耳带着他的新婚妻子去法国的沙木尼 – 勃朗峰度蜜月。旅途中，他们在阿尔卑斯山中遇见一处瀑布，只见白色瀑布从山上飞流直下，激起晶莹的水花，映着阳光，展现出一道五颜六色的彩虹。他马上产生了一个念头，此处的瀑布虽然不及尼亚加拉瀑布，但可以让这大自然的杰作为他做一项实验，证实他思考了很久的一个想法。

原来，自 18 世纪以来，人们对热究竟是什么？一直存在着激烈的争论。人们普遍认为，热是包含在物体中的一种物质，物体的温度越高，包含的这种物质就越多。这种看法一直统治了物理学界 100 多年。但是，也有不少的科学家对此产生怀疑。焦耳就是不相信有"热质"的科学家之一。这次他就想用瀑布实验来证实他的这一想法。焦耳想道：高处的水有一定的热能，落到底下，热能转变为动能，如果能量可以转化的话，那么，这些动能冲击岩石后，又能转变为热能，底下的水温应该升高。他在瀑布的上下忙来忙去测量着水温，就是为了验证这个想法是不是正确。于是，他让妻子乘着马车远远地跟着他。他拿着一架巨大的温度计，一会儿跑上瀑布的源头，测量那里的水温；一会儿跑到瀑布的底下，测量那里的水温，忙碌不停。他希望能测出两边的温度哪怕有半度的差别，也足以说明他的看法。结果没有成功，瀑布水花四溅，实验无法进行。尽管这次实验没有成功，但焦耳还是想用实验证明他的看法。

　　焦耳生于 1818 年 12 月 24 日，他父亲是英国曼彻斯特附近索福特的一家啤酒厂的厂主。少年时代，焦耳勤奋好学，喜欢思索问题。但由于体弱多病，15 岁以前他一直在家自学，没有受过正规教育。到了青年时期，焦耳认识了著名的英国化学家和物理学家道尔顿。焦耳向道尔顿学习了数学、化学和物理学，他对化学和物理学特别感兴趣，热爱科学实验，有了问题，总想通过实验求得解决。

　　有一次，焦耳在自家的实验室里，发现把环形线圈放在装水的试管内，线圈通电后，水温会升高。后来，他又做了许多实验，终于发现了物理学中的一条重要定律——焦耳定律。线圈的电阻越大，通过的电流越多，通电的时间越长，水的温度就越高。今天，这一现象在日常生活中随处可见，如给手机充电的充电器，插上电源，不要多少工夫，充电器就会发热。但在 100 多年前，这却是一项重要的发现。后来，焦耳经过不断实验，

焦耳的热功当量实验

精确测量出 1 千卡的热量相当于 423.9 千克米的功。

1850 年，焦耳凭借他在物理学上做出的重要贡献成为了英国皇家学会会员。两年后他接受了皇家勋章。1878 年，当他 60 岁时，发表过他的最后一篇论文，他就退休了。

焦耳活到 71 岁。1889 年 10 月 11 日，焦耳在索福特逝世。后人为了纪念他，把功和能的单位定为焦耳，并用他名字的第 1 个英文字母"J"表示。

在去世前两年，焦耳对他弟弟说："我一生只做了两三件事，没有什么值得炫耀的。"焦耳的谦虚是非常真诚的。

金属弹簧圈为何能灭火

水能灭火，灭火器能灭火，没有听说过金属弹簧圈也能灭火。水能灭火，是因为水有一个特性，它一遇到热，就会夺取它大量的热，同时，水在高温下马上变成水蒸气，体积一下子扩大了 1 000 多倍，燃烧物体就被大量的水蒸气包围起来，使它与外界空气隔绝。没有了空气，物体就燃烧不起来了。利用这一原理灭火的还有用棉被盖在火上、用沙撒在火上等。我们知道发生燃烧要有三个条件：存在可燃物，空气（氧气）、一定的温度（达到可燃物的着火点）。灭火就是破坏这些燃烧条件，使燃烧终止。用水灭火就是将可燃物与空气隔离开来。但是，我们也可以用降低温度的办法，使燃烧终止，到达灭火的目的。金属弹簧圈能灭火，就是用了降低温度的办法，

金属弹簧圈灭火实验

使可燃物达不到着火点，也不能发生燃烧。下面我们来做一个实验。

在一根点燃的蜡烛上，罩上一只铜质弹簧圈，由于罩在蜡烛火焰上的铜质弹簧圈是热的良导体，它能从燃烧的火焰中吸收大量的热，并很快散发在周围的空气中，火焰因放热而温度降低。当焰心温度降低至着火点以下，蜡烛就熄灭了。如果将金属线圈加热一段时间后，再罩在蜡烛的火焰上，蜡烛仍然会熄灭。用较粗的铜丝或铝丝线制成圆台形状的弹簧圈，罩在正在燃烧的蜡烛的火焰上，蜡烛的火焰熄灭得将会更快。

在我们的日常生活中，都会有这样的经验，如果将一把不锈钢的匙羹放进一杯滚烫的开水里，不一会儿，匙羹的手柄就会热得烫手。在炉灶上烧着的金属锅子，它的锅耳也常常会使人烫手。那么，为什么匙羹的手柄、金属的锅耳会烫手呢？这是因为在固体物质中热量会从温度较高的部分向温度较低的部分传递，这个过程叫热传导。这是热量传递的三种方式之一。但是，并不是所有的固体物质传递热量的本领都是一样的，有的固体物质传递热量的本领很强，如银、铜、铝、铁等金属，这类物质称为导热体；有的物质传递热的本领很差，如木材、塑料、玻璃等，这类物质称为绝热体。所以，当我们将不锈钢匙羹放进滚烫的开水中时，由于匙羹是金属材料做成的，它传递热量的本领很强，开水中的高温很快就传递到匙羹的手柄上，使手柄的温度马上升高，变得烫手。在炉灶上烧着的金属锅子，同样也会从锅底将热量很快地传到锅耳上，使锅耳变得十分烫手。所以，我们常常会用绝热体的塑料、木材做成不锈钢匙羹的手柄、金属锅子的锅耳，防止手被烫伤。热传导的过程，我们用肉眼是无法看到的，那么，怎么能知道热的传导是从物体的高温部分向低温部分传递的呢？我们不妨来做一个简单的实验验证一下。

找一条薄铁皮，在薄铁皮上依次打一排等距离的小孔，然后将火柴头插入小孔中，也可以改用凡士林，将火柴头等距离黏在薄铁皮上，排成一条直线。用酒精灯加热薄铁皮的另一端，不用多久，我们就会看到，靠近酒精灯最近的火柴首先冒烟并燃烧起来，其后火柴依次冒烟燃烧。我们知道火柴头的主要成分是红磷，红磷的温度超过200℃时就会自燃。薄铁皮在酒精灯的烧烤下，温度迅速上升。当靠近酒精灯一端的薄铁皮的温度超过200℃时，第1根火柴即刻冒烟燃烧起来，同时，高温从薄铁皮的这端渐渐向手持薄铁皮的一端传递，使第2根火柴冒烟燃烧，接着是第3根、第4根、第5根……依次冒烟燃烧，热的传递过程就被清楚地展示在我们的眼前。

熨衣服的学问

　　如果衣服有了褶皱，只要用熨斗烫一烫，就会变得平整挺括。熨烫衣服是有诀窍的，对干的衣服，要先在衣服上喷一些水，厚的衣服甚至还要衬上一层湿布，然后才能熨烫。如果将一件干衣服直接熨烫，不仅不能把褶皱烫平整，而且容易把衣服烫焦。洗后的衣服，不待衣服完全干燥就可以熨烫。这是为什么呢？

　　这是因为衣服受潮后，它的纤维很快被水润湿。将温度合适的熨斗放在它上面时，渗入纤维中的水受热汽化，水的体积一瞬间可迅速增大1 000多倍。由于纤维上面压着熨斗，水蒸气跑不出来，水蒸气只能横向扩张，就把衣服中的纤维拉直，于是衣服变得平整、挺括。水在汽化时会吸收大量热量，使熨斗的温度下降，所以垫上湿布熨烫尼龙等衣料也不易被烫坏。

　　熨烫衣服要掌握好熨斗的温度。如果熨斗的温度太低，水分不能汽化，自然起不到"烫"的作用；要是温度过高，又会把衣服烫焦。有经验的人，都知道给熨斗底面上滴一点水，根据水滴的变化和发出的声音来判断熨斗的温度。要是水滴发出"扑叽"的响声，并且水珠滚转，很快流去，可以断定这时熨斗的温度为150℃左右，正合适；如果水滴发出"扑哧"的响声，而且水滴很快散开并蒸发成水汽，此时熨斗的温度为180℃左右，太高了。这时，只要喷上适当的水，就可以把温度降到150℃左右。

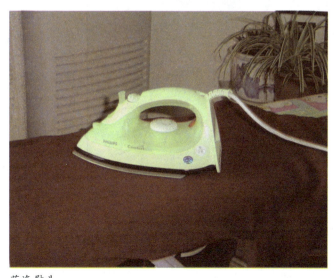

蒸汽熨斗

呵气和吹气

呵气和吹气，同样是从嘴中吹出的气，为什么会使人有不同的感觉呢？我们都有这样的经验：呵气会使手感到暖和，而吹气会使手感到凉快。

冬天，室外的气温很低，手被冻得透心凉，我们常常会将手放在嘴边，呵一口气来暖手。这是因为冬天室外温度低于人体温度，从口中出来的呵气温度也比室外的温度高，呵到与室外温度差不多的手上时，自然会觉得暖和一些。同时，呵气的速度比较缓慢，这样呵气中的热量缓缓地向手上传递，提高手的温度，所以手就感到暖和了。

吹气就不同了。吹气一般发生在手上的温度比较高时，如手被热水烫了一下或被火碰了一下，这时人就会不自觉地用嘴吹一下，使被烫的手感到一些凉快。向手上吹气，一方面嘴中的吹气温度要比手被烫后的手温低；另一方面，吹气的速度要比呵气的速度快，促进了手周围的空气流动，使手上的热量与周围空气迅速产生对流，将手上的热量散发到周围空气中，降低手的温度。同时，速度较快地吹气，也会使手上的水分蒸发加快。水分蒸发时又会带走手上的热量，所以手上的温度就迅速下降，这样人就会感觉到凉快多了。

呵气

自己会"饮"水的玩具小鸭

你见过一只自己会"饮"水的玩具小鸭吗？

会"饮"水的小鸭子

它既不用电，又不需要上发条。站在一杯水的前面，它就会俯下身去，把嘴浸到杯中的水里，待"饮"完一口水后，它会直立起来。过一会儿，它又会慢慢地俯身下去，把鸭嘴浸到杯中的水里，待"饮"够了一口水，它又直立起来。谁看了这只自己会"饮"水的小鸭，都会感到很惊讶。

饮水小鸭的身体是一根长长的玻璃管，一头连接着一个圆球。在圆球外面用布包裹起来，做成鸭头。再用一根很窄的金属管做它的鸭嘴，在鸭嘴里放一根棉绳，棉绳与鸭头外包裹的布相连接。玻璃管的另一端连接着一个空心的玻璃球，做成小鸭的尾部。在玻璃球里盛有一种叫醚的易挥发的液体，醚在室温时就会蒸发。玻璃管下端浸没在醚中。玻璃管的鸭身中间有一小孔，可以插入一个轴心，使小鸭自由地上下

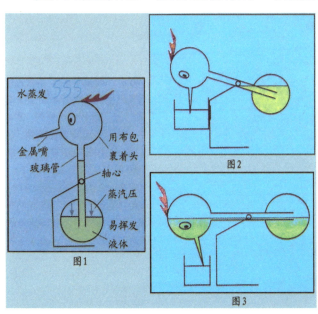

"会饮水的小鸭子"原理图

转动。

　　小鸭的头刚打湿时，由于下端的玻璃球和里面的液体比鸭头重，使小鸭保持直立姿势。随着，鸭头上的水分被急剧蒸发，鸭头的温度比下面玻璃管和玻璃球里的温度低，由此使醚蒸发而产生的蒸汽压也会比下面玻璃球里的小。这时就会发现玻璃球中的液体开始沿着玻璃管上升。当液面上升到玻璃管的上口时，小鸭的重心发生逆转，上部比下部重。于是，小鸭的头就朝下，俯下身子，把嘴浸到杯中的水里开始"饮"水，由于毛细管的作用，水便会沿着棉绳到包裹着头部的布上，补充因蒸发而失去的水分。当小鸭俯身到水平位置时，小鸭头部和尾部两边的醚蒸气相互混合，压力也就变得一样大，下端玻璃管口就会露出液面，玻璃管里的液体就会流回玻璃球。于是小鸭的"尾部"又变得比头部重，使小鸭恢复直立姿势。

　　只要使小鸭的头部保持湿润，周围的空气湿度又不太大，能够保证它的正常蒸发，小鸭就会不断地活动下去。原来，小鸭头部的水不断蒸发吸取的周围空气中的热量，就是它不断活动的原动力。

奇妙的声音王国

　　当我们演奏一种乐器、拍打一扇窗或者敲击桌面时，就会发出声音。声音是一种"压力波"，会引起介质——空气分子有节奏地振动，这就是声波。一旦振动消失，声音也就终止了。

　　声波振动得越快，通常就称为频率越高，发出的声音就越高。相反，频率越低，发出的声音就越低。我们人耳可以听到的声音频率为 20 ~ 20 000 赫兹。高于这个范围的称为超声波，低于这个范围的则称为次声波。但狗和蝙蝠等动物可以听到高达 160 000 赫兹的声音。鲸和大象则可以产生 15 ~ 35 赫兹的声音。

　　我们在日常生活中会听到许多有趣的声音。如人面对群山呼喊，可以听到自己的回声；晚上声音传播比白天更远；失火时，声音可以用来灭火。除此之外，声音还有许多奇怪的现象，有的可以被我们利用，如超声波，医学上可以用来诊断人体的疾病。有的声音对我们是有害的，如噪声，会危害我们的人体健康。

爱纪毕特桥惨案

1906 年的一天，一队俄国骑兵骑着高头大马，以整齐划一的步伐，行走在圣彼得堡封塔克河上一座名叫爱纪毕特的桥上。当他们到达桥中央时，一件不幸的事情发生了，突然间，桥在没有任何预兆的情况下，断裂成数段，坠入了河中，桥上的很多骑兵和马匹纷纷落水。事情发生后，军队马上展开了调查，是桥超过负荷，还是桥年久失修。调查结果很快就出来了。骑兵队在桥上通过时，人与马匹的重量并没有超过桥能够承载的重量。桥在坍塌前也没有遭到任何损坏。那么，使桥坍塌的罪魁祸首是谁呢？

后来，科学家终于找到了原因，造成桥坍塌的罪魁祸首是"共振"。

什么是"共振"呢？我们先来看一个实验。

用钳子夹住钢锯条的一端，用手弹一下它的另一端，钢锯条就会来回振动。尽管它的振动幅度会越来越小，直至最后完全不振动，但它每秒钟振动的次数是不会改变的。这个振动次数就叫物体的"固有频率"。如果在钢锯条附近有一个正在振动的物体，这个物体每秒钟的振动次数也与钢锯条一样，钢锯条受它的影响也会发生振动，而且振动的强度会变得越来越激烈，这种现象我们就叫作"共振"。

骑兵队在桥上走着整齐划一的步伐，使桥面发生振动。骑兵队的步伐快慢正好与桥的"固有频率"一致，使桥面向上和向下的振动幅度不断加大，直到超过了桥面的强度，使

造成桥坍塌的"元凶"——共振

桥发生断裂，最后导致桥的坍塌。

现在，世界各国有一条不成文的规定：大队人马必须便步过桥。

在现代生活中，共振造成的危害已引起了人们的关注。不久前，上海的一住宅小区有 3 幢 11 层小高层，不知为何日夜不停地摇晃：居民家中的吊灯会来回晃个不停，脸盆中的水也会被晃出盆外，90 多岁的老太太被晃得头昏眼花摔倒在地上。住在里面的居民真是苦不堪言。房产商为了查清"楼房摇晃"的原因，请来地震专家作检测。这位专家经过一个多月的监控，终于找到了祸根所在。原来，这个居民小区附近有一个石材厂，厂里有 4 台锯石机日夜轰鸣。由于锯石机工作时的振动频率与小区里 3 幢小高层的"固有频率"相一致，从而引起小高层的"共振"。

从曾侯乙编钟说起

1978 年 5 月 11 日，在湖北随县（今随州市）的一座古墓里，发掘出了一套曾侯乙编钟，距今已有 2 400 多年的历史。这套编钟规模宏大、铸造精美、音域宽广、乐韵准确，堪称世界一绝，被称为"世界第八大奇迹"。

全套编钟共 64 件，分上、中、下三层，钟架通长 11.83 米，高 2.73 米，总重量在 2 500 千克以上。用这套编钟演奏乐曲，人们仿佛置身于钟声齐鸣的宏大气势之中。金声玉振的乐声在人耳边环绕，有一种"仙乐从天而降"的感觉，使人陶醉在仙乐世界，流连忘返。

编钟是我国古代的一种乐器，它的音调十分庄严、从容、和谐。但编钟与一般的中国乐器不同，像二胡、扬琴、琵琶等中国乐器，只要一件就可以

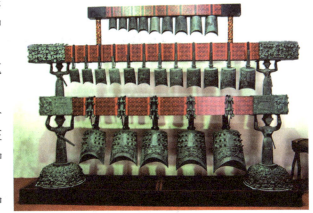

堪称世界一绝的曾侯乙编钟

奏出优美动听的乐曲，而编钟演奏乐曲时，往往需要由许多大小不同的钟配合才行。因为每一口钟只能发出一个音调。大钟发出的声音洪亮而低沉，小钟发出的声音清越而高亢，大小不同的钟会发出不同的音调。接下来我们做一个简单的实验来模拟编钟的演奏。

取几只同样大小的碗或玻璃杯，在碗或杯中盛上深浅不同的水，用一根竹筷敲击碗边或杯边，碗或杯就会发声。由于碗中或杯中盛水的深浅不同，它们就会像大小不同的编钟一样发出不同的声音。

相同大小的碗和玻璃杯，它们发出的声音应该是一样的。由于在碗或杯中盛放了深浅不一样的水，使它们发出了不同的声音。这是因为用筷子打击空碗或空杯时，整个空碗或空杯在振动，相当于一个较大的钟，会发出音调比较低的声音。盛上水后，振动范围主要在水面以上的碗壁或杯壁，相当于一个较小的钟，发出音调较高的声音。盛水越满，发出的音调就越高。这样就可以用盛水的多少来模仿编钟的大小演奏乐曲了。

用杯子演奏音乐

"伏罂而听"的故事

这是 2 000 多年前，我国著名哲学家墨子在他的名著《墨经》中讲述的一个故事。2 000 多年前的战国时代，各国诸侯连年征战。没有军事实力的小国为了抵御大国的入侵，往往会在城市周围或疆域边境建造起高大而坚固的城墙。一些军事大国要征服小国，攻城略地的主要障碍就是高大、坚固的城墙。由于当时还没有火炮和炸药，攻城的唯一办法往往是挖掘地道，从城墙下面穿过去，然后进入城内，将对方打败。这种地道战在战国时期十分盛行。

为了能识破敌人挖掘地道攻城的阴谋，墨子在《墨经·备穴篇》一文中介绍了一种"伏罂（读'ying'）而听"的方法。

在城内，沿城墙脚每隔6米挖一口井，井深约3米左右。让陶工烧制一种叫"罂"的酒坛子，大小要在40斗以上，在它口上紧绷一层薄牛皮，然后将它埋入挖好的井中，四周用泥土填实，派听觉灵敏的人将耳朵贴在坛口上日夜侦听。如果有敌人在挖掘地道，坛中就会发出声音，可以侦听敌人的动向来。这种方法不仅能确定敌人是否在挖掘地道，而且能从不同坛口听到的声音来

坛口听声音

确定声源的方向，判断挖掘地道的大致方位。

这个方法应用的声学原理就是现代声学中的共鸣。敌人在挖掘地道时发出的声音，通过地下的泥土传到罂，因罂内是空心的，里面的空气会发生共鸣，再引起蒙在坛口上的薄牛皮发生振动，产生声音。人耳贴在坛口的薄牛皮上就能听到它的振动声。

唐老鸭的声音

《米老鼠与唐老鸭》是迪斯尼卡通电影中的一部经久不衰的经典影片，深受小观众的欢迎。尤其是唐老鸭发出的特殊声音，更是令人难忘。

但是，在北海建造海底石油钻井台的深海潜水员们无意发现，在深海潜水作业时，潜水员之间的通话，听到的声音与陆地上的不一样，居然是与唐老鸭一模一样的假声。

潜水员在水中发出的声音像唐老鸭的声音

这一现象令人生奇。后来，经过科学家的研究，终于揭开了它的奥秘。问题出在潜水员呼吸的空气中含有氮气。

我们平时呼吸的空气主要是由氧和氮组成的，两者的比例为1∶4。空气中的氧是人体必需的，而氮气在空气中只是充当输送氧气的运输工具。但是，氮气有一个特点，那就是在高压下，它会溶于血液中，如同二氧化碳溶于啤酒一样。

当它的压力减小时，就像啤酒中的泡沫一样，在血液中形成许多气泡。这对人的生命安全十分危险。

潜水员在深海中受到很高的压力，呼吸进去的氮气就会很快地溶于血液中。一旦他们回到水面，压力骤减，在潜水员的血管内就会形成氮气泡，轻则引起剧痛，重则致人死亡。后来，人们找到了一种可以代替氮气的气体。这种气体就是氦。氦不仅是一种惰性气体，而且是一种难溶气体，压力再大，它也不会溶于人体的血液中。用氧和氦的混合气体供潜水员在深水中使用，可以基本上解决血液中的氮气泡的问题。

但是，这个问题解决了，又生出了一个新问题。由于氦气比氮气轻，声音在氦气中传播的速度要比在氮气中的快，声音的音调也就会升高。在深海中，身穿潜水服、头戴潜水头盔的潜水员在充满氧和氦的混合气体中讲话，由于声音传播的速度比在空气中快，从喉头发出的声音音调就会升高。另一名潜水员从耳机中听到的声音就会像唐老鸭的声音。

一种人耳听不到的声音——超声波

300年前，意大利科学家斯潘兰察尼发现蝙蝠在失去嗅觉、味觉和触觉后，照样飞行自如。最后，他塞住了蝙蝠的一对大耳朵，蝙蝠就一筹莫展地东飞西窜，没有了方向，撞在各种物体上。原来，蝙蝠是靠听觉飞行的。那么，蝙蝠是怎样靠听觉来飞行的呢？

科学家发现，蝙蝠能发出两种人耳听不到的声音。一种声音每秒振动5万次，另一种声音每秒振动7万次。人的耳朵只能听到每秒振动20次到2万次的声音。现在，我们把这种人耳听不到的声音称为"超声波"。蝙蝠在飞行时不断地发出这种超声波，并用它的大耳朵捕捉从障碍物反射回来的回声，当障碍物离得越近，回声回得越快。蝙蝠大约可以"看见"20米以内的物体，由于超声波在空气中传播会很快地减弱，所以它不能"看见"20米以外的物体。蝙蝠用每秒振动5万次的声音粗略地"观看"远处的东西，而用每秒振动7万次的声音"观看"眼前的物体。

除蝙蝠外，自然界中能发出超声波的动物还有蟋蟀、蚂蚱、老鼠、鲸等，狗能听到每秒振动3.8万次的超声波，有些鸟类可以听到每秒振动4万次的超声波。

超声波具有方向性好、穿透能力强的特点，因此，超声波有许多用处。现今，超声技术已成为一门全新的学科。

在医学中，我们可以用超声诊断和治疗各种疾病。如给产妇作产前检查，还可以了解产妇腹中胎儿的生长情况。超声波还可用于脑血管意外疾病、血栓闭

能发出超声波的蝙蝠

塞性脉管炎、慢性支气管炎、哮喘、偏瘫、冠心病等手术。

超声波在工农业生产中也有着广泛的应用前景。

在月球上能听到讲话的声音吗

人类已经登上了月球，在月球上可以自由散步。但是，月球总是给人一种寂静的感觉。

在地球上，声音无处不在。将耳朵贴在地面上，我们就可以听到远处传来的脚步声；在水中，我们也可以听到轮船航行时螺旋桨转动的声音。但是，在月球上，什么声音都不会传到你的耳朵里。假定宇航员的头可以伸出他的头盔外面，即使他身边有一块巨石从附近的山上滚落下来，他也会毫无知觉。这是什么原因呢？原来，在月球上没有空气，即使有发声的物体，它发出的声音也无法传到我们的耳朵里。不信，我们可以做一个简单的实验。

在月球上说话，听不到声音

先在桌上放一个正在响个不停的闹钟，它的声音很大。然后，我们用一个玻璃罩子将闹钟盖起来。闹钟的声音立即变轻了，但是，我们还是能够听到它的钟声。

如果我们在玻璃罩子的小孔中插一根胶皮管子，接上吸尘器，将里面的空气一点一点抽去，闹钟的声音就会变得越来越小。当玻璃罩中的空气全部被抽完后，我们只能看到玻璃罩中的闹钟仍然在打铃，但已经听不到闹钟的声音了。

可见，声音的传播是通过空气的振动来传播的。所以，在月球上，由于没有空气，如果两个宇航员讲话，只能看到嘴在动，就是听不到对方讲话的声音。

放送探空气球的发现

　　1932 年夏天，一艘名叫"塔依梅尔"号的前苏联探险船航行在北极地区，有一位气象学家正准备放送一只探空气球进行气象探测时，无意中把气球贴近自己的脸，突然，耳朵里感到一阵剧烈的刺痛，不由地惊叫起来。船上的科学家将这一偶然发生的现象记录在当天的航行日记里。令人奇怪的是，当天夜间刮起了强烈的风暴。

　　难道这一偶然现象与海上的风暴有关？科学家对此发生了浓厚的兴趣。经过研究，科学家发现了一种人耳听不见的声音——次声。人耳一般能听到每秒振动 20 ~ 20 000 次的声音。振动次数高于每秒 20 000 次的声音称为超声，低于每秒 20 次的声音就称为次声。人耳听不见超声和次声。

　　每当海面发生风暴时，强大气流产生的气旋涡，就会引起空气强烈地振荡，这种振荡每秒不超过 20 次，人耳是听不到的。但是，它会引起充满氢气的气球发生共鸣，产生剧烈的振动。这种振动会给靠近气球的人的耳膜一种压力，使耳膜产生疼痛。

　　虽然，人的耳朵不能感觉到次声，但是，生活在大海中的生物，如海豚、水母和鱼类对次声是很敏感的。由于声波的速度大于风暴的速度，所以它们往往能在风暴到达之前先感觉到次声，在风暴来临之前，纷纷离开，躲过风暴的袭击。

　　次声除了可以用来预报海上的风暴外，还由于次声每秒振动的次数很少，但波长很长，在空气中传播时衰减极小，如每秒振动次数低于 1 次的次声，可以传到几千千米至上万千米以外的地方。于是，人们可以借助次声，获取在上万千米以外的自然界发生的许多现象，解开不少自然之谜，如火山爆发、地震以及飞机失事或大型船舶遇难等。科学家还模仿水母耳设计成功

风暴气旋涡

了电子风暴预报器，利用次声波预测风暴的来临。

　　电子风暴预报器用喇叭接收次声波，经过球形共振器放大，把次声转变为电脉冲，于是就可以在15小时以前把风暴的来临预报出来，并且能测出风暴的大小和方向。

　　除了一些自然灾害会产生次声波外，有些人类活动也会产生强烈的次声波。当飞机失事或大型船遇难时，它们发出的次声波，也会沿着空气或海水作远距离的传播，这样便可确定遇难飞机或船只的位置。

　　次声波对人体的影响，也引起了人们的注意。有人发现，1～3赫的次声波能使人产生恐惧，地震前动物不安，就是这个频段的声波引起的；3～8赫的次声波能引起人的神经混乱，失去理智；8～12赫的次声波可使人的思维集中，增强学习能力；13～40赫的声波可以影响人的意志和感情。近年来，科学研究还证实了次声波对人的所有器官有影响。人的内脏和躯体的固有频率大多在几个赫的次声频率范围。如果外界次声频率与人的固有频率相接近或一致，它就会使人感到不舒服，甚至造成内脏的损坏。法国马赛科学研究院曾发现，频率为7赫的次声波对人体具有致命的损害。因为这个频率正好与脑波的频率相同，所以对大脑功能的影响特别大。它会引起大脑系统的一系列障碍。强大的次声波能毁灭性地破坏人体内部的器官，它也使人体内部器官的摩擦随之增加，进而造成迅速的死亡。现在有些国家已利用次声波特性研制成次声武器。实战的气浪弹，在它爆炸时，能产生很强的冲击波或气浪。也有人设想将气浪弹做成多层，控制每层的引爆时间，使它们按一定的时间间隔爆炸，产生一连串高强度次声波。可以看出，次声学作为一门边缘学科，它与近代物理学、生物学、电子学、气象学、地球物理学和天文学相互渗透、相互影响，具有广泛的应用范围。